《魯學齋日記》（外二種）第五册

吉城 著

國家圖書館出版社

第五册目録

《魯學齋日記》戊申（一九〇八年）光緒三十四年

《魯學齋日記》己酉（一九〇九年）宣統元年

《吉榮泰志學會日記》

魯學齋日記

光緒戊申

一九〇八年

三十四年）

光緒三十四年

正月大建甲寅

初一日丁亥　讀漢書百官公卿表博士掌通古今按殷云以通古今備溫故知新之義通古今即溫故知新博士蓋論語所謂可以爲師者也成帝紀陽朔二年詔儒林之官四海淵原宜皆明於古今溫故知新故謂之博士漢代學官資格悉以溫故知新爲驗此經術政治所以超冠百禩也

初二日　百官公卿表叙引虞書文應劭注與馬鄭多同後漢書劭傳稱劭集解漢書是劭注不盡己說此注蓋即用馬鄭說細之如今尚

書管玉之喉舌北堂書鈔引鄭注作管玉喉舌一玉字誤當以鄭注訂之

吟白雨亭精舍小公

初三日 詠堂索觀舊作寫國文會敍上之

丁未傳司鈞景五鳳專校宗本許渾集黃景洛藏研命泰兒分咏四詩

精金一握勝琳璆誇漢踰秦劉有圖下許李家完故物雕文彷彿

錫公名四出手眼篆漢鏡上方隱約辨先知注東西都氣象消沈識

甕城頭鬱翠煙丁卯花橋水一灣丹陽故宅艸橫斜阿誰手捉留孤

本壓倒人間著錄家鏖全至宋有記元明而降遂陽居墨華

不換紅羊劫也兒宣宗有道哉 吉巷存送之 丁未

二兄招同曲卿昇詠令飲京日酒前聯蘇寒景專蔥製爲研

初四日讀周易鄭注雖兩要未能上九云堯之末年四凶在朝明九云舜既受

道需之禮並答難之屬益在于朝晉九五云紂囚文王于羑里四臣獻珍異之

物而釋免于難大有云周公攝政朝諸侯于明堂隨云隨者殷帝乙陟韶之明

徽也又云舜慎徽五典五典克從納于百揆百揆時敘賓于四門四門穆穆是其

也臨云臨者大臨之時紂爲天道者皆以爲殷衰之戒離六五云嗟子有作從孫

附昭於畫父之道文王之子曾說旦是也漸云君道以漸引進極惡之害者除去佐

翁卿是也困九二云文王將王天子制用朱紱此鄭氏以史事說易之例也

需讀爲秀秀從禾乃之猶而也 儀禮士冠禮大射儀注 而讀若耐鄭氏說需爲秀謂

五二

鄭居語薈明

初五日 佛頂寺尚精舍若話 湖海樓本周易鄭注有附錄一卷語註話

禮中所引易義皆系此字與易注同費氏字不同

初六日 過寐叟 周易鄭注訟九二云小國下大夫之統三百家上九云鞶帶

而射之三則已法軍禮也 泰六五云仲春之月嫁娶男女之禮 同人六二云后夫人

之子不出觀云諸侯之士推天子卿大夫之臣士推其君必以禮賓之 坎六四云天子

大臣以王命出會諸侯主國以尊於簋副設玄酒而用缶又上六云天子外朝左

右九棘之象 損諸侯損其國之富以貢獻於天子 益云天子損其所有

以下諸侯 萃卦云王者之人廟升喜祭祖禰[illegible]之禮 升卦云王者之受命改正朔易

服色鼎俎初六云宿君夫人不君氏辰云人君非祭之禮者牲之薦豈而已歸
妹六三云宗廟之禮主婦奉筐未士刲禮六歸入三月而後祭則長而九云十
日為朝聘之禮止於主國以為限蓋初六云所當以篤實之人為之此鄭氏以
禮說易之例也

初七日　百官公卿表衛尉掌宫門衛屯兵有丞師古注引漢舊儀云衛
尉寺在宫内通典職官梁衛尉卿與漢同卿每月丞每旬行宫徼糾察
三百四十一隋衛尉奏曰丞和薛宣集目馬殿省劉丞五六重圍衛擊刀
斗竟門自近臣侍側尚不得著鉤帶入防未然也據此則漢法宫
門以內雖近臣亦不得著鉤帶衛尉主兵徼備如此不得著鉤帶不知

四四乙　五二

眠此古帶鈎背刻四字蓋漢衛尉丞物也續漢書百官志卿中

二千石丞比千石通典又云丞秦漢多以博士議郎為之

發案言書

初八日 沈欽韓漢書疏證有選舉表極精密約分六科曰詔舉侍詔、

賢良方正、曰州從事、茂材、光祿四行、曰郡吏、孝廉、曰文學明經、曰博士舉、

射策博士、曰察廉、能治劇、曰任子、貲選、

初九日 詠莪言約子賓過我午飯飯罷過藉谷

通典職官云南齊宮城諸卻敵城樓上本施鼓持夜者以應更唱武帝以鼓

多驚眠遂改以鐵磬根今衙署設鼓點點即鐵磬矣

初十日　湯寶自上海來札索觀顧詒補注　讀漢書儒林傳

復湯寶書　儒林傳郡國置五經百石卒史此郡國學官也

十一日　過館從仲觀乞家譜乞先宜璦先生像贊為孫容甫撰

允吾君子其德不瑕婦惟宜家子亦克家流芳世澤保我真如

孟孟璦如時時書纓牢纍纍家婦子含飴邇濟濟老依洗社陳書

不讀蔗嚼彌甘仰瞻圖像似接音讀百家尚臻哉懷銘書示人

往風孝三歎興慕

十二日　孟雅自上海來札　二兄招茗論觀察叟書撰帳龕壽不

去歲纔也至酒肆讀一中之

冬三日 詠霓廬爲東臺商會祝詞 粲資致氏舉胎寒黃化居服賈治
貴夏商卅以前東南珠玉西方朝物皆角轂蟹中央環匯往來世積
世詳有周之興庶之司市辨肆以陳分地以次價以星度行以質劑
以固飲眛以禁諦偽治敘政刑之所大備詳徵 聖清下逮地壞裨海
九之遐淵畢通歐墨雕斯殊固商戰剝膚消膏痛我以漸我
皇勤於道至意無疑三商四民商不殘賤開部京師遠會州縣所從
歌頌商業商勸攻我未建寄思日盛東臺跨孔合群之心詞者
頌之能揚之表 皇道信品騰躍百寶集於白金藝法郅鐩縣為
冊四寧申月寅轉釋寧賢嘉禮告集 稽首 禮諏數了有祝頌初

鑄跡以介廠福錢讀今甲日閏商習溪磨文明先生藝術竹枝說我
會考大叢神甚忌錢讀今乙日碳商情欲刻為瓦凝烟為埰說我
會考一承長字悝旦錢讀今丙日擴商業醒山新龜話髮紙細野小識
說我當考一尸話宣炊饞又環御書乘車撰集鐵極體選穎遷
吕人錢寫千年我　白玉萬春
十四日　過南園讀杜蘅乃亭故董綠果小水晶子孟題跋於卷冊也
韓暮書隱寂靜不嘩吳慕年年花信娛懷茶奴燒南園蓮棠
花牌二百四沂州蕃西也　葩師先學孫田樂花向江至空錫藏鼠以眼前春言
瀟灑收風雲舞空雲鷄爪內宅江福釣國沂洲孫炁二存南園　君家南西壇清樂

辰子寒健饱澹记石庵山园卷有人惆怅对庵卿翠日附又以宗渔山秋江晚渡园规新幽藏云山长卷大胜张其丰藏瓢云层中大有高士江上竹石扇舟不谁好飞归去筝上负部语秋

十五日　春光侄游西溪　虚拨烦栽一经去子四大字又色曾伯书自赏

是日力疾令书与程楷解

十六日　二兄附孙永往江宁　过郁山峰观吴书研左方雕文极

工致中间浮绕有字难以为辨风雨也

十七日　寄黄云锦手书家言札

十八日　广州寄书来

十九日　检理书籍

二十日 偕任宿至南東臺中學 商會開會 演說 接續觀像

杏庚過我

二十一日 拜別母親 附輪舟南行 晚宿泰州 西去六圩鎮江

二十二日 抵郡 二兄在宿舍未回

二十三日 過仲齡 寄家書第一

二十四日 過龔令 尊岩仲齡過我

二十五日 偕仲齡 暨同朱君林默 過宗君倚亭 觀其家藏忠簡公遺像

二十六日 偕仲齡約午飯 飯罷同雨蒼登觀音閣 二人遊郡

敦澄室書

二十七日 廬州道人來迎

二十八日 附江新輪至蕪湖舟中晤張閬聲喜出意外並晤錢辰居錢經畬聞各由漢口入都也

二十九日 辰刻抵蕪湖陳琴齋招往富春園晚飯園面湖對山林木蒼鬱時下大雪雪不及賞處夏於此避暑宜復佳也 某家書第二

三十日 由蕪湖坐小輪舟北行 晚泊運漕鎮 夜大雨

二月小建乙卯　初四日驚蟄　十九日春分

初一日丁巳　振鷺題

初二日　度黃湖擬和蓮龕晚擇廬州　呈健父非斐君及子

聞先生

初三日　發家書第三　健父贈我集廬竹堂聯書

初四日　入校李君識庵程君復初丁君堅陽皆分授經學國文者吳甲乙班國文丙班歷史則兩先屬余承乏也校址甚闊

學生約八十人尚未齊集

初五日　聞宴健公同過我劉君訪漢公也

初六日 讀史記五帝本紀 馬遷史法本春秋 春秋編年 三代世表云黃帝以來有年表 而據張列黃帝以前 如伏羲神農皆無年表 而獨取本紀斷自五帝也

初七日 讀經史百家雜鈔序例

初八日 發家書第四

初九日

初十日 讀先喬集川 閱學禮

十一日 撰西右各國史叢凡

十二日 撰西石史凡 甲乙國史叢凡

十三日 兩右班 學生晏潤森閱三國志 發家書第五

讀錄集 劉石宣過錄桐城馬通伯本 秋懷云 學堂日無可經

馬通伯所獻莊生列疑古卻自歎歸之遁 閑為史文字法乎吾誅

遠之竟誰尋 燈嗜知者誰 此詩如送余今日也 嵇張繳云刺史有

着蔡誰刺史居之際也 注云 為人所信知也

十四日 授兩右史 讀紀傳不名 宴與同甲乙班 皆參序 看尚書源案

二先來 和八日書

十五日 授兩右 飽函 以閱班牒 續漢書 以七帝 秦見來第二函

十六 授兩右黃帝 乙勝文 看尚書源案

十七日 風雨 仲耕中丞五十壽 授丙左芸三本 甲乙雜文

十八日 雨同

十九日 雨同 甲乙課 論釋 為文宜暇讀書說

二十日 晉蘇經初編撮日譯叢速譯出也近為龍興所有

蕭東有魏高湛碑隋尉富娘碑未讀其偽擬搨某帚

空之閣危樓室石[illegible]雨余之鄰示歸途經校場之巷

暫一登眺

二十一日 春光甚好第三函 授改乙課 授丙左三會 甲乙雜文

二十二日 授丙左 授改甲課 乙之季鳴鐸 甲之季永芸雨之

張壽民當所謂冠倫魁能者也

二十三日 丙開 乙補之

二十四日 丙開 甲乙補之

二十五日 丙講頌吾業 編歷史

二十六日 授丙左 甲乙課 講仲尼燕居 孔子閒居 於鄭子讀

叢家書卷第六

二十七日 授經 甲乙課 甲李經魁 曾新醒 乙李鳴翔 潘耀堂 皆

佳 曾生年幼氣清尤可喜也

二十八日 授丙右 三年生 甲乙補之 案丁未北印語之

二十九日　援西左

三月小建丙辰　初五日清明　二十一日穀雨

初一日丙戌　授兩右弟彝　乙韓文

初二日　授兩左　甲乙韓文　夜雷雨

初三日　閱兩右

初四日　閱兩左　試甲乙班以類纂詔文翻多原六經說新一屆寫偏易蔡通六經百家學說

初五日　閱老陳公招飲

初六日　學生請假一日　同識庵瑞卿候馬君通伯午後偕語初識庵禹卿及學生十一人游逍遙津

初七日 大風雨 授丙右弟彝

初八日 授丙右 乙譯三九

初九日 授丙右弟五彝 甲乙述學 校乙課卷

初十日 閱丙右 校甲課卷

十一日 閱丙右 試甲說學乙說史 晝桂雲來 歸藏室 黃壽祺副

十二日 春晁來以第四函

十三日 校乙課卷 授丙右弟彝 乙讀蘇文吾 甲述學

十四日 授丙右夏 校乙文 閱蠶桑書課乙班 白氏朝史夜讀不

勝寒

十五日 撰高左垂乙蒲志 撰汲甲文
十六日 撰高右甲乙蒲志
十七日 闕高右
十八日 闕高右 課甲乙讀經說
十九日 日高御 撰高誠
二十日 撰高右垂甲乙講文
二十一日 高右扇
二十二日 高右垂乙講文
二十三日 高右扇 寫種李書

二十四日 閱丙右 標乙史

二十五日乙史 閱丙左 張嘉仁日最精鋋 試明乙三九原義

二十六日 省視學沈君錢儀玉郡

二十七日 沈君來試甲乙文 丙右史

二十八日 標丙右

二十九日 補閱丙右 標乙講文

四月大建丁巳 初七日立夏 二十二日小滿

初一日乙卯 試丙左 授甲乙韓文 授丙右春 答王植書

初二日 授乙史

初三日乙史 春覺書來即復之 寄谷七

初四日 授改甲乙以前課卷 編錄閱記

初五日 丙右史 甲乙文 丙丁枝論學書

初六日 授丙右左課卷 授丙左

初七日 丙右史乙文 丙左閱先銀留之許學

初八日 丙左史甲乙文 乙班有李濤丙生外鴻庭易泉 鍾武玉亦來嘉

初九日 乙 雨阴

初十日 乙 接雨阴 试甲乙段蓄传书度用金变献乙零号

錄暑

十一日 通甫先生過我

十二日 雨若乙甲 所上指書象記 以詩鄭康先生制作之原又卷末

錄詩云 東西四卷 騷楚辭論 此書留文正多精詳書之矣

十三日 雨后 史記周本紀 文王改法之序制正朔善以子家之

十四日 雨若乙

十五日 雨后甲乙 劉君子楙過我 李生楙甫師也 楙甫為餘字

十六日　丙右閒乙授

十七日　丙左閒乙授　大雨　甲乙課以問歐王安石承是論諸葛忠武

獨蘇子瞻論　儒生讀書家屬江之三河

十八日　蔡光來書云去年所為國文會敘錄入于本之月刊叢通

報　李生翀甫為人雅摯志趣亦勇於進不虛之非時名

發家書第八

十九日　授丙甲乙

二十日　授丙甲文　授丙左　金剛頌蝶嘉構思

二十一日　授丙乙文　授丙乙

二十二日 授甲乙丙 乙復聽經

二十三日 問丙 授乙 盡篇

二十四日 問丙 試甲乙

二十五日

二十六日 授丙甲乙

二十七日 看乙畢 授丙

二十八日 看甲畢 授丙乙

二十九日 授丙甲 試乙學故

三十日 問丙 授乙

五月大建丙午　初六日芒种　二十一日夏至

初一日乙酉　阴雨　校乙识甲乙　敌战对觉浣所言良合义

初二日　校乙寰

初三日　校甲乙丙

初四日　薛徵三日　张屏瑶卿及鲍蔡龚六姜诸生同游香山

嶽祠包存甫祠堂奠生平一幅　年幼游之绝今为包祠

楹联云　一笑黄河清　数闻藏狮和蔼益谦

惟英姿妙极魏剑颐　墩在濠水中　四面皆芦花故名

香花墩也　相传此地为孝肃读书处

得春覽二十九日芸第七書 蘭雅從兄生細問借觀本遠藏本文選

因甚以語云趙書宋本只全帙曆任秘籍故人所書二卷

草草年復函破蕩佳見讀文書

初五日 閱老杜老詩福建陽瑞何之專語居譜校中語生

晡飯老穀 年復語以擬聯擬為文昌閣即觀諸舟

初六日 蔭家書第九 劉石翁過我 晚飯後往劉宅

讀鄭人和病生詩訪生別劉壯肅遺事屬生為作書

年皆十四皆能為文

初七日 擾之而

初八日 撰甲文两

初九日 校改甲文

初十日 校改乙文 諸生温課傳諭

李生崢鑑以其曾家所藏汲古閣儀禮注疏，生所著古荟算子卷，龍生必明解来問公算，能見書種多諸

擬命題

十一日 快雨 史記龜策傳父子疇官，世世相傳，所謂疇人

十二日 寫子壽冊 從徽屋借閱阮氏元積古齋鐘鼎彝

與陳蕃云先生書云細雨，出示文獻，取一方者 此札不知寄否

此書杜詩當本此也 又傳稱綜所著文彩
辭之詩必蒼頡麒麟僕孤馳與諸御書 文章謹慤欽書五彩
有如日瑛 年十五徽請因揚白雪非是高風振條吾無和
著有十五弦通身本東仙
真子吾無和鏡鑄一人操琴 真子吾無和善也即指此琴
據也 雲翻與弟書云黃中之君根源之於原
從橫與趙王倫書 指啗之言果接諸味酒以之宜理於貴者
諸儒著書有理之傳理之上疏曰願陛下盡心經術溫故知新
通於義微謀慮之士以為內晨與參政可望之爲讀經家
此條與梁元帝語義略同劉氏亦義未引及也

十三日 先生禮撰諸唐子箋十三篇録集以竟粤雅堂叢書

本

十四日 看諸唐子箋 已粗得其保初 以見其所為流論

又兩天看完一本年譜第三卷通鑑

十五日 又讀又經

十六日 十一日邸抄得報録本月初九日 上諭云今朝廷保舉遠遜

欽差大臣武闡諸督因將調京簡用嗣同以來勳臣子孫皆加

恩錄因江忠源孫江清勳知府曾孫江勳振員外李續賓之

孫李孝善道員曾孫李正純主事 羅澤南孫羅長猷知府曾

張蘇琏旅來了

十七日　為倪生題生寫屏聯等

十八日　試甲乙國文第三道論世刑墨長儒俠論孔必用

墨子兼

十九日　校閱甲乙卷甲以金國楨俞靜醒李生獻張玉琴

為首取乙以潘耀業朱子鳴鍾黃坤為首取

二十日　試丙左右及乙級史

二十一日　校閱乙丙卷乙以潘朱子為首取丙左以張壽仁吳潤

森鍾天慶劉金昭為首取丙右以蔣如經樓劉鴻祥本

逢吉、劉紹璐、彭人和來談

二十二日　評定各卷甲乙

二十三日　檢理歸裝　李先儒先生、馮先生、金先生來談，情話筆之

殊不盡也

二十四日　同史君生叔至瓜洲渡，由小輪舟拖帶至[illegible]夜

大雨，乃未渡

二十五日　至葉閘，史君回桐城

二十六日　整裝附江飛輪舟，下午至鎮江

二十七日　附小輪至仙女廟，晚至泰州

二十八日 到家 母親以下都安好

二十九日 [redacted]

三十日

六月小建己未　初九日小暑　二十五日大暑

初一日乙卯　雨　庭前新竹抽出紅梅亦斜發一枝　牡丹今年花不繁而盆蘭甚同去年也　看靜蘅畫箑

初二日　能群丈之孫彥成工書好學有其祖風

初三日　晴　葉苕華過我

初四日　鐵齋過我

初五日　禹之過我　出近作詩詞

初六日　得阮刻述學凡二卷　方濬頤校勘記亦引阮本然尚未盡如卷三九二條一則為三阮本系作並可寫為勝方校遠之

初七日 録蘇詩隨筆三說 楊注与黃文正同 江蘇詩徵五千卷録

毛家傳崇嶽謂崇嶽兩公詩傳崇嶽過於蒼嶷云 山居思渉波浮居

思居峻棄陰安易常座此香成慎巍之重關道居磐磨風

縱身已陷雲峰黃山獨策俄嘆山崇嶽之投僕老營與貫之絕沙

深淵豈難寸步 衆力倚絡以窺 得容者股慄久不禁履坦

由人自強 斯保身命

初八日 録蘇詩讀存有吳黃瑞安師一首

初九日 連雨不已

初十日 早晨雇舟游西溪 從理安至雲栖早

十一日 公臣招觀王覺斯字

十二日 張師招飲白玉局書屋精舍小集

十三日 東嘉去赴烟會

十四日 唐人寫經七行，羅叔蘊得自日本，精妙至為，呈為屬作四跋

經國微謬以補之（經云歲在長慶歲次景午歲七日 一紙凡十五行一紙不知何經何帙也）余有觭於

硯宗樣藏舊子固題二十八字云墨作芸芸等句誤阿誰遺

墨云蘇瀛跋擬圖我勤奮歸嘉小刻何精硯宗廢

蘭皋希招同書樓飲白玉局，局主瑯瑞讀畫

十五日

廿六日

廿七日　至高邕處

廿八日　晚訪王遐　蘇州存古堂主人來話

廿九日　張燕來偕臨天發神讖碑舊拓印影鈔一過至高邕處屬為題記證以說更正作弓蓋是解字弓下作丨當是卅字其筆畫文云足解世字合前十二字為卅二字其五十七字歟下云合五十萬字也此解字卅其殘泐皆從舊所無者輔來所攜本洵舊拓也

高邕處

二十日過宗寫為之

二十一日正誼堂全書續刻本有范文正集九卷年譜六卷年譜真宗天禧五年公年三十三監泰州西溪鎮鹽倉有西溪先牡丹詩譜文云晏相題范云初呂文靖宰官嘗作此手植牡丹有詩刻後公復題一絕後人以二公詩刻題詠極多西花亦為人重二護以朱闌第次菴之說為西溪亭花根此則西溪名稱西溪也但宗下監之年公年三十五至西溪上云寇準被謫子上官鄰以李禍松語丁遠大力為戒西激勸之日此年除興化令明年還大

理書函

二十二日 袁樸招同陸師吟白至廣雨亭少仲之精舍午

飯 少仲還我藏研 吟老示我前年所為老詩屏

畫子詩

詩蘇卿徵四十八首雅字西子京城人送貴陽軒石知色晤吟手制

年詢君仍至理歸報廣雅贈錄仍無某給伴此價種野田

二十三日 祖考忌日 過三兄觀石印詩碑不未及國朝人手蹟

以龍銀兩貫易黃坤載醫書八種 黃鶴通湯二幅條辦

程海庵醫藝方集解二本 書人徐君嗜鳴時前聞余說

烟害竟能力戒，可謂勇猛精進者，為不可及。因制短以龍銘

一頁。醫方集解為先儒丁亥掃葉山房刻本，據書序云

本草備要合刻，此僅有集解也。忌祖精醫學，讀書極

多，不輕為人治，治輒效。二伯父亦喜治醫家之，至余兄弟

輩此學遂絕。二兄嘗思為之，然人多卷，未能竟其業。

他日擬命泰兒讀之，此子素謹，能讀醫書也。溫病條辨

家有舊刻本，惠三兄處此本為東州紀氏重刻，校刊頗

緻。

二十四日　看昨黃履書新醫譯錄。由葦蓮湯洗可以正痔

二十五日 過偓仙

二十六日 訪丁師曉岑先

二十七日 晝夜積雨家家潮漏今日復大雨四壁皆穿注不可御之上藏書及舊稿多被浸濕

二十八日 題劉氏五代史補注以薛史附注歐史之下一若當時薛史初出尚未通行本故借以存之也

三國志高堂隆傳荀卿醜秦世之坑儒據此則始皇三十五年荀卿猶存也

胡墨莊求是堂文集卷二與洪樾堂書論夏小正義條極精

嘗卷于雲蒸君養志跋所得臣金石若干編

亮九日墨花有約同人七月五日為鄭康成生日設祀於樓

袁鈞輯鄭君紀年不著生日錢義曹蝶墨夢還

世留安吾為之莫子但知有康成生日詩錢云巨遂據別

傳國綴送聞此別傳未知引見何書東漢鄭傳書稿注引別傳云

康成以永建二年七月戊寅生年八十四卒

然下孫棄除

潘明府記有詩請鄭康成詩注年譜此係鄭康成遊

七月大建庚申 十二日立秋 二十七日處暑

初一日甲申 虎臣招飲

初二日

初三日 移師吟香連日精舍飲讌藉以避暑

初四日 看隨園集

初五日 赴精舍祀鄭君 星喬臣蘇甫尹方君信為蕙卿來

拈像屬人精摹鬚眉費錢千載如生與祀學

者凡三十人 自順帝永建二年丁卯至同治六年丁卯

得三十丁卯 歷千七百四十年 為七律一首云 一千七百有

餘晷為誦經翀錄惠至北海為東門叢叢南城走帶草青青
得顧容貴不費巾櫛麗珍維緒白麝銜自覺不禁嗤嗤
書繡身世等浮萍 並浮萍國成 下書說
初六日 看洪北江集 春秋十論 曰以左氏為殺奶於楚 曰不諱取同姓
曰齊大夫皆以采邑為氏 曰 案不用同姓長國別國人曰君經上下同名不
甚遠錯曰楚國人文最盛 曰讀法詳略及義例 曰以隱庇為名
曰仲尼弟子皆兇於魯國並以姜字師法論 曰晉此楚少慝
韓新館 廣州府志二篇 其第二將太守詳其其第一云洋廣謂
郡名記南北其證者所其第七云廣記之治文山以窠獻之極

山府城上同官館德和君作梅十七章寡十八文十六所補上次又云

廬江印淮水為德印廬江壽上精安精確不易重生甲集卷三

壽三五人送予至課中帶畫錄入述學附錄內

初七日

初八日 晴白約同人泛南屏湖上歸舟作七絕四首余亦有四詩一篇

一棹仙舟話碧嶂，楼柳嵩岳擁隔煙。料得九里至湖白。

人乘步兼叔

謎惑鐵。長隄下水聲真語。卧松鼎新荒未容。勝前宵

知音惠好。雲髮敵雨調蓬峰。三殿法龍石大器。亦年

意悵詩館。江南去年氣未銷。似憐。病骸意醒目吟幸過。讀書

春泛餘紅葉雁過日看亭字雲臘綠苔殘唐一抹君家嘉話完公句

出影細鼻邊錄

初九日曹壽朱家莊主三仁謹奉金刻凡二百冊四函九本

刊行

初十日顧卿借閱勝碑跋余藏本校讀能取原出處未

南先生所記雙鹿堂圖題絕句一首壽眼流光五十年

殊圓徵金已來丙當時識句集餘姻不須重問西泠路樂秋

州集詞說五律許肇沈某記此試作雙鹿堂圖為茂州已來備閱游記作也

十一日看曹劍農同笑氏圖王奉翠箋吉祥題志福來至南門之

廣州書肆　寄錢印書於張惠言周易虞氏義

之上下房呂嵩菴有題記於升云道光丁亥春在小楊

寓讀此冊有所寫輒記其上者所增者以三角識之亦

輒為之訂定所敢云以者書也稱題以寄來云采苔劍記

周易虞氏義以寄云者是為擇而原讀者皆是大題如

此也

十二日

十三日　祀先

十四日　支離症臥不安　夜裝熱雨自為我彬解

春之劇

十五日　煩躁已解，神猶未懸。讀虞氏易說文引秘書日月為易上讀蓋出於孟氏，觀虞氏坤注而知論語德不孤必有鄰，乃聖人說易坤文言之義也。

十六日　天氣轉熱。至南門金大寶書館，太史公墓碑屬題記。為讀振綺記，文有云：乃述陶庵以來至于麟趾，是周漢書服虔義又云不盧義不信惠讀書惡精確不隱，善則之而不引之以為有別本也。

十七日　讀虞氏易

十八日

十九日　吟香過談

二十日　右之眉偕萬善堂訪

二十一日　詠旅合秋郎齋集襄之為張鞠園太守題揚子館帆圖詩蓬之廣州酒愛雄才手解船波閒長隄

大江湖濤何異首追時彈不羨垂楊臨望突更聽小碓

太息之橙海真豪吟散月中君去且談泰西酒居人應識

詠公額贈竟之竹馬低君去琵琶聲新妝覺前知北苑以為

過從果湘情懷舊日所布帆君安餘根叢遠錢福迷澤

廣州府志稿
實為沈忻之
舍入我甥
渥 三十三年任

翦頭人書屋詩鈔 寄和舍弟廬州府張王令年斗城賤媽地

倍覺山後上來家 能日所情佳也游 風流只有能窮愁懷

思子長安積老 詩乃情考論處之錢錢總被 後世窮 讀書存田年

不過茶楊圓杏長不能破自家塵悶流松柴

三十二日 [redacted]

三十三日 燈話秋田夫人往亡遺稿 長其已移至驪闕殿上吳舍

作鏡去 下少路鄧衛 來葉村錄 本來不指是詩才 幾年秋脫詩

革禁小的宮北四處 歲滿寫等不是少嚴 春臺且為開館 宮節壓

詩舍表 聲聞寒上起 烟霧 依稀表 吟獨懷 神翻使

攢眉長太息，非今夜闌已無人（集有吾美一首之攢眉夜闌原集 雲恨銷烽烟息九州）

衣香風影日已斜，紅照有牢於滋苹園（約田有悼之百詠）美者續窗滿

剷墨不盡化作彩雲飛

二十四日 禹之過我

二十五日 看虞氏易義 下雨轉涼

二十六日 檢理行裝

二十七日

二十八日 星南過我

二十九日 拜別母親 午後乘小輪同儿 祖更至杭州

三十日　極熱

松禪老人屬予題十二行　鄒去老寬閒上珠光龍。載雲房中酒

興長。今日小橋已殘破。有人鐫刻十二行。李友和云若瑜皆

審皆靜瑩藏。重蘇江南鄒去老詒。裘許乾坤收館了。等閒

過眼十二行。

八月小建辛酉 十三日白露 二十八日秋分

初一日甲寅 寫寄懷金陵同人八首 平生私淑最湘鄉

遺像祇因甫辯香 嘗見自題記弟子 村堂皆為洗凡將 朱竹

我鄉中來談黃蘭陵 雄豪酒癖傳中哭 翁為讀書人太息

沿專朔我作青溪 溪上藕風 東角石室威儀臟 儀之臟校理樹上集李

談非向張劉 嘯山 宗甫 當日家風 海濱一變魯靈光 殊由石

合風洋派叢殘 十年情款話 上好阿 之遊術 居歸 樂膳

收一段藤 甘 李之齋之 淮楚人之家 某隄 風 訊湖 蘇多 認鴻泥

年年雜包 涼 旅 水 有 新詩 繼 塵 題 君 淮 未 答 詩 經

有詩人行小篆見怪神印汪團扇追之款詩向西風三更

新樓東垣之層論曲譜畢箍滿訓詁譜研經詞擬長以論文共

以下酒不能風雨追遠新社之約合湛一居士禱告間眼福甚余

僅翁誤[illegible]說舍情是未嘗發人之　似君錯墨公詩

星案三下書

初二日　雇舟附江永輪船上湖

初三日　晚抵蕪湖

初四日　午後遵津小輪午刻過似黑影二更抵校

初五日　暮兩集

初六日 馬通伯、姚慎思同過我

初七日 授丙右孔子世家乙、說文敘。神氣寒未免請假

眠。倦云

初八日 授丙左甲乙。譚鋒孚來,同過馮瀛王事

初九日 授乙皇組太子,丙右世家

初十日 授丙左甲乙說文部首一至五。濤生、程生來談至夕

十一日 過通之閱所為覺由易,通之並為我定正音試

注。讀初稿,我以為讀詩

十二日 看顧氏學記。蔡先生來,閱學書。授丙右乙甲

書叔來初七日書並述鴻生北歸事

十三日 撰雨左

十四日 看縣友徐鳳輝輯國朝三家文鈔 劉生宗暉譔來也生為原宗子歐陽文家法 潘生振宗廣西巡撫琴軒先生之子狀先生之曾祖也

十五日 借程生獻可張生蓮岸穀孫江忠烈祠以道路泥濘不果 寄安慶及若泉兄書 雨 吉堂學生張七人

十六日 劉君許翼過我

十七日 閱雨左張壽仁日啟 撰甲乙說文理丑日延乙國史

十八日 顯考忌日

十九日 劉生爾昭來問之修畢因 撰兩石也 課甲一二示三之五部相

次說 張雨皮仿習呈肩中小学叢書注重說文部首 十二日神州报

了君陽賦蕪荒吟志春秋居地本子詩

二十日 看求闕齋日記 辛丑九月六三十年為一世吾生以辛未十月十

一日今一世矣碌碌昨日減茫茫業無成往者不可諫來者猶可追

自今以始無忘不師而逸之 省克居靜 據公自辛卯改歸從生越

十年而精進不已又申之曰不負逸叢之生也閱一世又十年

吾亦公所語可以保身可以自立可以御可修之害者 三毀六勿省克

曾子之意未愧者自得極　閱學齋云孔子之所以異於伯夷伊尹

者，不立高處而立平處，不立隆處而在汙處，讓人者乃知此以知

所立人汙者也　授丙右

二十一日　授丙右　課乙四來申鄭義

二十二日　授丙右甲乙　晏植遇戕　授改乙卷

二十三日　授乙閱丙

二十四日　閱丙授甲乙　授改甲卷乙以濡滯交為最甲以張李

劉孝嚴　張生孟琴來談　自慕述子殊有條理

二十五日　閱乙丙又閱　訪張松飲　望看李君和諸御衛叔微

信　丁　五二

帆張君琴襄及子爾陳寰復初諸公李君儲芸湘

二十六日 授兩乙甲 讀虢季子白盤

二十七日 孔子生日假一日 寫李月亭冊 過通叟

二十八日 授兩乙課乙習篆家朱宗倉謝家禧筆情皆可造

諸生等人字毅永在蓉游

二十九日 授兩甲乙 讀通叟所為抱潤軒文鈔 通叟文為

泰究源正散魏文義首韓歐歐醇備至義至可感也

不同家書將之十百姚傳之為黃儒說字石之生字為闡

似詢息不遠也

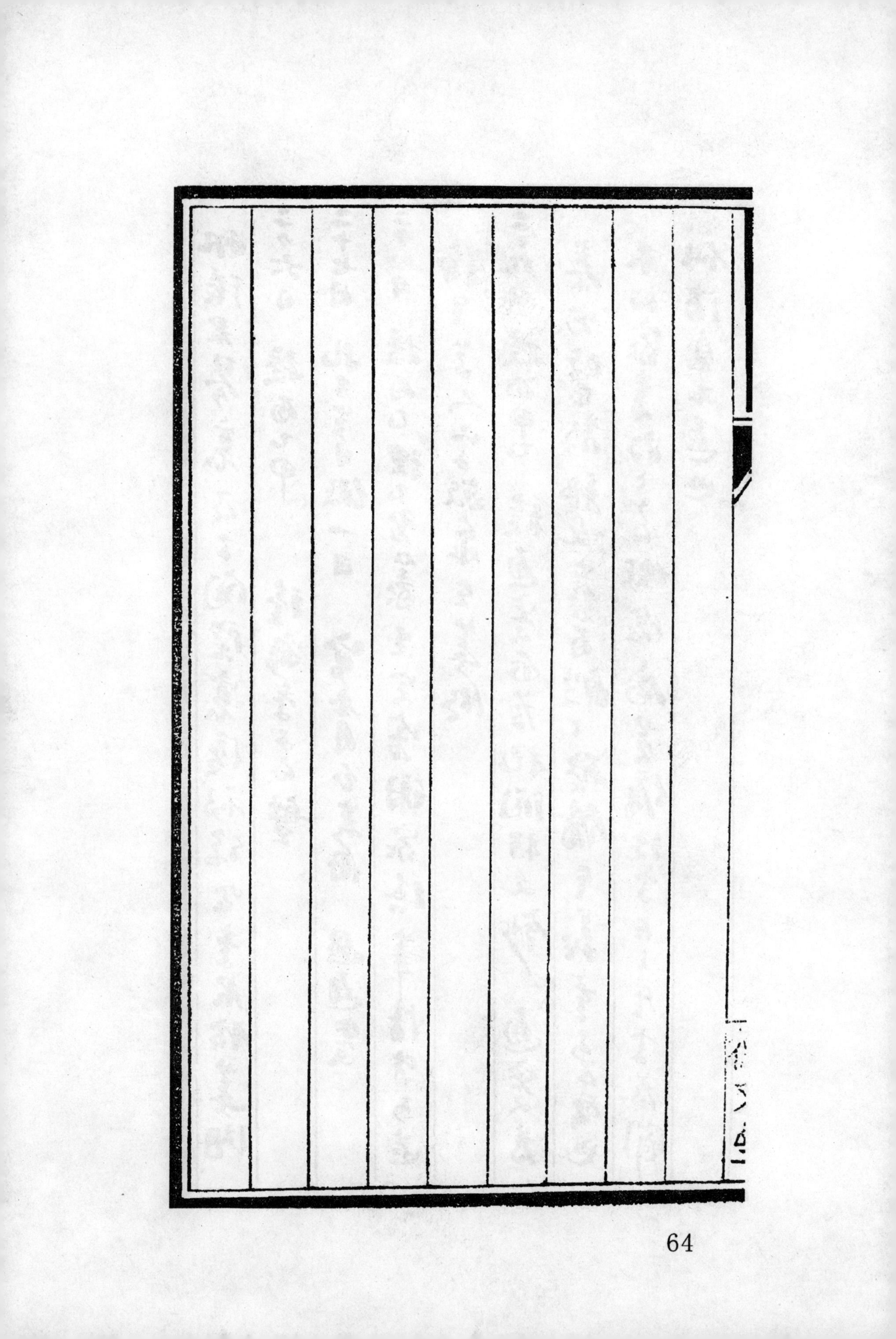

九月大建壬戌　十五日寒露　三十日霜降

初一日癸未　授乙國丙

初二日　授乙國丙　授甲乙讀文部首

初三日　同瑞公候發表　授藩甫得古泉五日五銖番二日大泉

五十番一日貨泉番一日半兩番一　發家書

初四日　授乙鄭康成傳丙世家　課甲曾文正原才書後

初五日　得秦兒稟附來呈南道光錢五番　又文奏閣

授丙　論孔子荀子義　校改甲文魯郡曠日錄

初六日　授乙　課乙左氏穀梁子書後

初七日 校丙甲乙 閱寰宇記

初八日 校乙子 讀錄修 閱丙

初九日 校乙 應正祖大子 閱丙 校甲乙部首

初十日 發家書 閱寶文往江寧 校段乙文 儒耀 世宗碼

延泉 校改乙日 酥

十一日 看雲續文集 校丙乙甲

十二日 得子芳書 發初一日 二兄前月二函 復湛 近衡庵

校丙

十三日 雨 看藏石訪年譜 校丙乙 發家書

十四日 看閩譜 撰丙甲乙賈生過秦論 劉向稱其通達國體
伊賓來談過 黃子政有載於王氏考閩所說龐雜 已叢
者也 班固謂子嬰同於紀年而責馬遷引賈論之謬則
又王命論之言也
十五日 看閩譜 撰乙雍正朝考 閱丙 蔡生纘搭自為札記
精意可喜 閩訓謙一字敦仲 丙辰進士官廬州府訓
導可 世業攬丙詩詩者云一日萬卷書經子讀之平生謬為
餘事
十六日 撰乙乾隆朝考 閱丙 撰甲乙說文 風雨甚涼秋氣未廣然

潛研堂記元旦德與廣韻閱撰一編東西游書竟後

錢唐始曾與秦小樓先入借其歸然錢又疏證書為

小篆藏宗彝書撰經圖此二條當定增至第八然

閱學猶也

十七日

十八日 撰丙右孔子弟子表 乙甲史記五十七荀傳

十九日 撰丙左 墨經 孟荀傳篇後云史記非墨子不言墨道

附 撰墨學為非攻圖 墨子之道術其至宋是三言孔

不言也又云以韓子上經橫以孔墨相為圖為說不叙孟荀圖

書人正孔某初為目之課 設廣此文以責循沿宋學空談

二十日 授丙課乙史 國朝漢宋學平議 予請課君文正將目為

記叔策不同議

二十一日 授甲乙課丙左史 歷代孔子封號以弟子丞自逢方疏

證

二十二日 課丙右史 史記孔子世家以禮學為綱領說 始於代齊

三國長代國 歷人書以匠略 疏證 通變未礼述趣君許記

擬碑呈為錢右安省 師征祀生卯 西狩皇家 授乙

二十三日 授乙謝衛史了 甲文 連試三日 形神俱困 為知

學生訾君信拒之收單　同史君璧臣城久談

復寶之書

二十四日　復通之書　接段乙史寬讀程篆張振蘇日辰

二十五日　訪象寬甫示附來函齋　拉諸孫山揚明暇一閱

接段丙庚寬　蘇繼　搭劉　郵璧日辰　接丙右乙甲　又卯子通

二十六日　接丙庚　接段丙庚寬　劉爾暇日辰　此課所慰　僅完一

執

二十七日　蘇葉四來書　寄去　集二冊　接丙右乙甲書

通甫來編

二十八日 諭示兩左性情學術法律三條 擬甲乙文

下晚自撫痱眠不適 陳㠯君過談即贈以此乞詩

二十九日 閱兩右 通變文集二十二首 書屬拈吟老叔母

省蔡丈 擬乙篇先胡大子

三十日 閱兩左 擬乙 擬甲乙試文鄭首 李生坤來閱史記 生

與馮生無暇日下來晚印記寫篇燈讀史 亦有將勸學篇李

李生亦發來問大傳 生指算術日最精 以後出前讀書去

少叔近來獨力孤留 夜大雨

十月大建癸亥　十五日立冬　三十日小雪

初一日癸丑　致吟舫書　復通甫書　笠亭招飲　大雨

初二日　健甫貽我桃花扇傳奇　校西台乙　試甲　讀方苞書畫菊
傳　陰雨

初三日　校西台

初四日　校西台畫菊傳　試乙菊術文游　學藝齋論畫　畫景術經

諸生完卷　皆須燈燭　心緒甚劣　看明史儒林傳

夜夢　母親體中不適　旬日未獲秦覺書　殊難放心　前年

上沈中丞詩云蔡米帖二幅　書石閣林高應斗升　清夜獨省　查

非諸生會意也

初五日 授丙甲乙國史儒林傳序 芸臺文派雅近南北朝

初六日 授乙成同組大字 閱丙右

初七日 授甲乙說文部首至克止 閱乙 晚習之歌以舒其懷學

爲之歌以發其德性學部所頒蒙學之傳習定爲歌詞與其

暗合亦可見蒼生之道生於人心 以上國故不必論讀滬

雅乃能爲之也 閱丙右 温寒來札 初二日發

校改甲文金文獻會郝瞻日記蔡言純文華漸次諸

理甚可喜也 張子琴送課大退

初八日 平定甲卷 陶師奏度國書館摺云將書仍裝七

萬二千圍函正庫架藏據 訪派儒臣授 傳侍御有請開

鴻詩科摺奇楚之人未肯斟酌振

初九日 授西右乙甲 授政乙文 潘樸葉稽試五日原 潘引荀子文

雜說荀通心學皆徵顯據 得之兄手書及至南回扎

足病已愈 母親亦要通義白語之為之一釋

初十日 假期 平定乙卷

十一日 發通安書 授西右乙

十二日 授西左 試甲乙 閱諸文推十分 奇之及多母相承 閱東樣學

二四六 乙 五二

復大殿撰鄭君詩推之

十三日 閱高存 撰乙通三十年大事

十四日 撰乙通了 閱高存 張季直徐州建行省議 初八九日神州報

十五日 編康紀畢 於掃葉肆有殿本公穀注疏 索直殊貴 此等書種於不如金陵易得也 因是益懷去年僑寓之樂

十六日 避寒來書 致通寒書 撰高存甲乙甲班額生推今日報

劉齋余生國楨以丁父憂請假 今日銷假 生為史室發喬

前曾撰聯挽之 今為人云 結以事語史章 蓋生為篇單佳盛如

新芳樹賢公論先德勇節補如學掌故鈔青陽和
秋争看面子論邀經
十七日 檉西君 上長沙師書 校改甲乙卷甲李永煢以上从十
一體多毋魯郭睢以下有經路誤壬乙沈秉鈞通鄭傳以令
劉黃坤云太學之有書人皆義據通深日呈課全文
獄讞 檉葉 誰俶來與試
十八日 檉西君乙洪孝生春秋論
夫子誰為通事尋源上稽自憂縣斷觀千里若憑題橋
東谷翁里花張猶魄歲波流白花沙浣向人梅開笑

送瀧龍集贈詩也

十九日　授丙左甲乙ヽ　讀史記范雎蔡澤傳李斯ト説雎皇甚讀

論宗旨平祖雎ヽ故智也以客卿入相亦与雎同非同蔡

澤ヽ言瑕疵以全其軀而斯為高讒遂被五刑是亦學

雎而猶未達也

二十日　授乙丙秋並軍篇　閲丙右　讀秦策

二十一日　授乙曹軍篇　閲丙左　授甲乙説文部首自

人至先　王慶忌見於范雎傳可以證武梁祠畫象之ヽ備王子也

范雎稱秦王為足下未嘗下稱陛下也

二十二日 據臺灣字例考 日語釋擬字云 似肩內擬包

廿三日 夜不眠，不適。

二十四日 備考仍絕，須讀樓圖，考古籀組云：五○襍○組○殺○有○祥

樓○隱○還○還○暮○樓○不○得○已○而○案○此○ 樓爲右已

識甲表字例論

十月十八日 神州日報載日本開說文會 明治四十一年十一月一日，即中曆十月八日 其發起人

云章先生枚叔，與中井君共之，代序中論士讀，稚隸爲同

發起許公及我，將齊荷先生之嘗，又云：欲作說文十有

年七百年，有我，今日本讀說文乃從述之學，是以

該冊尚嫌少擷擇，並五百條種與寡者而可七字錄人

二十四日　授丙左　讀律書刑法志　閱七百箇歸

二十五日　授丙右　補試乙兵要左附民論

二十六日　授丙左甲乙　體試漢如瓷詩

二十七日　授乙曾軍幕府　閱丙右　劉悼繆人新人秋草詩錄

授甲乙說文　閱丙宮雜出七日相繼卅題

二十八日　授乙　閱丙左陽張某配劉家昭錄

二十九日　遇姚慎老　儀老存之詳題求閱齋文鈔　集議四首

撤一首　記一首　以戰一首　原一首　送序一首　序跋七首　家志三首

神道碑錄存者 墓志錄 墓表十首 碑記十首 碑之首 書存

首 与崇川料存存之 劉孟瞻仙源右錄 朱太常 凡存十二冊 存之全

棄後時編次以館李合肥者 刻本不精 殊損翁所選鐫者評

頌臣閣學為之者尚得

頌帝述稱郭 尚須入劉本統畫桃穆宗及大行皇帝 接畫桃之料

想於龍隆年間 自皇言用之自今始

三十日 櫻雨右乙甲 瓊庵蘭之屋賈行 擅求關齋文

賴秦●首坤表

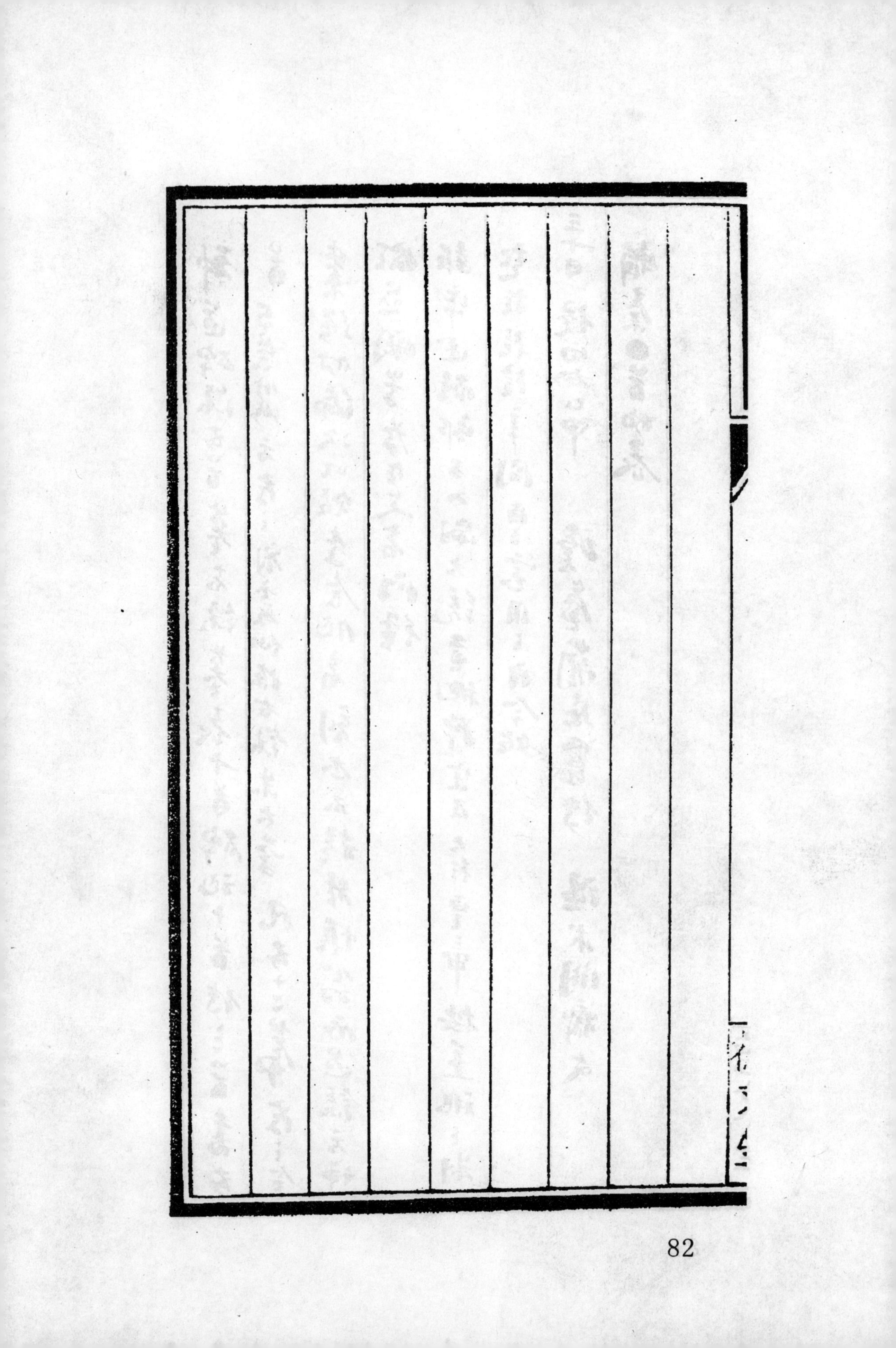

十一月小建甲子　十四日大雪　二十九日冬至

初一日癸未　撥兩石　皖省兵變，敗潰四走，郡城戒嚴

初二日　以國喪停課三日

初三日　潰兵經滁過郡，郡為閉城

初四日　省中派兵追捕潰兵，各繳械散去，郡城解嚴

寫妥稟

初五日　校閱甲文，劉乃慶、曾舒曉、金國楨最

初六日　校閱乙文，潘耀業、馮延昌、袁日昕最　煜魯先生寄冀考古文潘生述學

初七日 顯考生忌 頻年遠客不獲親薦 隱痛何極

授兩右 秦春公以下 甲乙李忠武神道碑錄 有云王子有崖

雖局進退斯願不遂 如諸葛闈儒人 自中歲以往 所以王子

而奉段居 終不獲自遂 至老而長其帶 兆 子舍人那院

也

初八日 授兩左 讀離騷 郭帝述昨年闈湯行經濟兩科

初九日 授兩右 秦漢魏晉乙未作君進子 好承笑善 家中自 母親以

下皆平安 欣慰無量 即復一緘

初十日 授兩左甲 識乙申院文人篆義

十一日　授乙國文　授改乙卷　閱秦漢書
十二日　授乙國文　授甲乙說文部首自禾至民　高言采札
明年改元宣統　說文部首一至亥部說解皆用韻此外
別龍字說解有韻　說文為易學之最要籍也
十三日
十四日　授丙右秦紀畢　試甲羅忠節學術論　授乙曹軍論
十五日　授丙左秦紀畢　授改甲卷余國楨劉壽彭最
十六日　授丙右六國表畢　試乙李忠武戰績論
十七日　授丙左六國表畢　授改乙卷潘耀榮最　授甲乙說文

評卷畢

十八日 試乙丙史閱 授改乙丙卷 潘耀棠劉北陽來

十九日 試丙左史閱 龍元慶劉錦章來 授甲乙班清書儒林傳 此一星期內講授試驗授改日不暇給

二十日 續計下學期課程目錄 撰號盤跋尾 秦寬書來附詩稿印拓贈之

二十一日 講生溫課 影寫號盤銘

二十二日 雨

二十三日 雨

二十四日　經諸生辨聲說各一篇　擢甲乙後　漫書許君詩

二十五日　為辨聲續說

二十六日　為五言一首　題說文部首後　示校中諸生

二十七日　賡五字拙飲　節之光二十日壽

二十八日　試甲乙班文　曾文正以許鄭考先王制作之原論

二十九日大風　李生琳甫來　經以辨聲說及部首書後　生為人

極聰穎　秋朔以病未能登校也

試甲乙文三年視學來樂群　及來視師習歙師範

十二月大建乙丑 十五日小寒 三十日大寒

初一日壬子 試丙班生李斯論 左氏取秦法説 鄒衍九州説

李生贈我文徵明書蕙蘭花院四大字 生所手搨也

初二日 試乙班生國朝至書遺命考 國史儒林傳跋

校甲乙文 甲經書記全文獻策 乙讀經課業朱字盡日畢

初三日 校乙丙史 乙讀經課業日畢 丙劉爾昭嘉人和畢

初四日 雪 校各卷畢 檢理書籍 讀姚惜抱

題辭類纂一首 前見之戰祖撰寄関宣廬韻七姓出北伐表 尹韻甫

初五日以論無世事論好請好畫 遺文嘉兒中興年

錄劉鶚書君銅尾紀 僞山陽羅叔言研 百十一言 雜鼎
峰霄光雅右閣崇藍 雖先生之美語剔
初五日 至閱覽書館 與東坡諸君候 已雨歸之美語剔
初六日 閱覽健公略讀一日 雨
初七日 同史瑞公看悟小輪舟歸 晚抵葉館 月中過
葉湖光景甚佳
初八日 雁蕩湖 過孫徵公學 晤徐魯生
初九日 換坐大轎歸 晚抵鎮鄉
初十日 過伯土鄉

十一日 搭生小輪船晚抵泰州

十二日 到家 母親以下皆安好 三兄病漸就氣已復常

大兄已戒除烟癖 忻快無既

十三日 謁丁師孫師

十四日 晤三兄 詢念子香雨亭書齋

十五日 晤扁之

十六日 晤芷湘

十七日 晤又庭 上海有正書局印古石刻及國朝名人墨蹟 皆精妙 購十二每册拓石記文有搨多字

初拓情猿說碑亦視近拓為完美

後編下吳以修昭代名人尺牘以第二冊

黃初承示補注儀禮注異別及陳氏禮書十二冊禮書通故唐

告暇以閱次第長錄至上冬中興鄭貫畢同頗多要最錄

右齋跋空謹錄諸意四月中旬許月雜當亦為指歸擇

揚以後以宗情滿岐嶷首歷城張蒿庵先生精於禮學

亭林廣師以爲所謂獨精三禮卓然經師吾不如張稷若

以表清者也此札亭林客濟南時所寄錢大昕

又第一冊

苕兄去歲出都仲秋後入京華蹤跡未抵在此好讀遲遲谷先生
之藏書如好書兄患亦復為遲頃者因日知錄已刻成樣本特寄
上一部天末荒山中搜異覓此如親面也幸不不宣一弟炎武頓
首　去萄老之年春
又第四函
聞刻韻補正亦已竟工倘蒙印價亦當領計統付趙福有不便極
禱承教賜之諭正緣明明語也餘不多及　亭林老先生　晚生張弨
頓首
以上三札皆補入亭林年譜

十八日 錄合子湘呈原回退錢

十九日 過禹言讀其近著

二十日 母親壽辰 母嘗責衛子如伯瑜仲吾嘗其伯瑜昨自金陵歸 聞由石翁書至窗底累之説

二十一日 昨代石人尺牘又第二函冊

在該文證一篇為從之不可作之類附上文黃雀樓錄廣續對二篇其文古四緒存懷祖之而耐觀之湖跡之下話中頓之黃雀樓錄而與雜存觀之

存一札而不述其之語

二十二日　買道光年刻陸宣公文集，卷首載禮部議從祀孔庭稿，引論篤花馬為此與曾文正聖哲畫像記說同。

二十三日　曾祖忌日。

二十四日　讀漢書匈奴傳。

二十五日　久陰。赴飲白石自荷中旋。

二十六日　雅師赴集精舍，過蘇庵。

二十七日　雨。滌庵來已。

二十八日　風雪。古微堂集說文轉注假借駁戴段二說而

以其第三十六部首展轉貫通處之取徑較寬於推許君
書取春花三三字未能為佳似而非曾文正說為善
晡後拈飯　讀史自訂夜歸
二十九日　以龍銀兩圓買端硯一方　過香樸未遇
雪霽寒甚　自覺於下筆處說之字空時學手野中國趣
看大故[redacted]
匈奴侵擾是以文帝中年繇役叢憤遂躬戎服親御
鞍馬從六郡良家材力之士馳射上林講習戰陣聚天下

精兵單騎屢武據此發蹤乃以昨渾文々不經以歷錄

為誤也

嘗有先慶雲烟水一段程穴安萬聲渾忘弄滄海上有

云語同日々萬縣武靖王以射象書於自題廬如晚雲

更字石壁

三十日

宣统元年

鲁學齋日記

宣統元年

正月小建丙寅 十四日立春 二十九日雨水

初一日壬午 阮文達商周銅器說云非有德位不能制非有問學不能銘又云馴天下尊王敬祖之心教天下習禮博文之学積古齋所錄作寶尊作寶鼎云云皆德位之說也戈形弓形矢形月形云云皆問学之說也

彝器有子執旂形而無武之意與戈矛弓矢同

初二日 讀平津館叢書晏子晏子云昔之闔國家者必先教百姓而親萬民又云將用其民先和而造大事 經典釋文序錄左氏之傳有吳起

兵題三條，出荀卿荀子議兵，云兵要在附民，又云和摶而一，其說甚

柔柔器子

初三日 過星南，觀寶用神鉤，積古齋錄古琱戈，寶字作金

与鉤文同。星南索觀題說文部首五古

初四日 命泉兒錄荀賦章句稿 過寐叟

初五日 過吟白

初六日 雨服招共星南暢論崔恩學，並觀近刻魏默深元史

新編

初七日 淫雨，讀說文舊義 詠齋過我

初八日　發師丁師兩亭吟白精舍午飯

初九日　星崗過談　讀漢書董仲舒傳　抱朴子論仙篇引仲舒撰李少君家錄　其文當不在百二十三篇內也　劉歆以顏淵為能當伊呂　董論極說　對策云臣謹案春秋謂一元之意　蓋別稱一年為元年　王書作周春秋始

初十日　讀世本作篇

十一日　讀漢書賈誼傳　賈董皆博士

十二日　讀漢書楚元王傳

十三日　以母親賜壓歲錢買巾箱本初學記　經典篇鄭玄取毛氏詁

卤示文　五二

剩所不考及之案因者續之為注解詁之為箋箋薦也言薦成毛

意徐說正補詁疏史傳家世以史記班固漢書東觀漢記為三

史　因雨未游大聖寺　後漢書儒林傳李注說鄭箋與徐同

十四日　讀琴操梁山操曾子作曾子幼少慈仁質孝居貧無業以

為父母躬耕力則隨天之利四時惟宜以進甘脆嘗耕泰山之下遭

天霖淫雨雪寒凍旬月不得歸思其父母乃作憂思之歌　按梁山

操亦稱梁甫吟初學記十六引蔡邕琴賦梁甫悲吟周公越裳

越裳謂越裳操梁甫即梁山操也三國志諸葛亮傳躬耕

隴畝好為梁甫吟張注曾子躬耕……援琴為此操耳傳云

亮早孤父珪為泰山郡丞續漢志梁甫屬泰山郡疑忠武為梁
甫吟是有幾於曾子耕泰山下以養父母而已負米之歎耶不
逮父在鄉時躬進甘脆也建安二年從父玄卒躬耕在玄卒後時 公此當在公年才十六七與曾子幼少正合

十五日 泰兒從游西溪

十六日 讀夏小正 孫姊丈師西公吟香精舍小集

十七日 論語比考讖顏淵不舍歇朝歌與墨子同琴操曾子說琴墨
子善之此兩子可證史記墨子並孔子時之說

十八日 讀漢書儒林傳

十九日 讀後漢書儒林傳

二十日 李生往甯附政辭艦號萩風仲珙諸先生

二十一日 買外臺秘要

二十二日 泰覺寫荀賦章句畢

二十三日 錄遯叟春秋閣詠五十七首即后妃詩更名宮詞

還王壬老桂陽州志蘭宦校補三子蘭宦評為精審

二十四日 檢理行笈

二十五日 拜別母親附舟南行

二十六日 抵鎮郡即換輪上溯舟中晤鮑季笙

二十七日 午後至蕪湖

二十八日 附小輪船到巢縣 大雨竟日

二十九日 日晨在巢湖午後始以水淺易帆船以牛牽引土人語之拖灘船甚小三十人局於一艙寢處因拘促甚

夜半抵廬州

二月大建丁卯 十五日驚蟄 三十日春分

初一日辛亥 入校晤周宓及滙舫、夔陽諸君 費安農

初二日 開學 過斐文君 於大樓得玉界尺

初三日 過諸渠慎思 慎翁出示閩松書屋詩卅首 近年

作其後蕭湖云 獅懷耿耿 無與證聊 執母子相系如海逝生

家羲何人哉 利逐逐 三復再嘆 吸嘯雜亂 大言者有湘山濤

如許真摯 道出累世情況

初四日 讀漢書竟紀 看南雷詩歷

初五日 學生漸集約九十人 看南雷詩歷

初六日 開課 程甲乙丙

初七日 丁祭放假 發家書

初八日 題慎志詩鈔一篇 重交有陳子屬讀毛 曾吸洞庭秋錦

吸洞庭比望湖比 起 廿亂關難詩工讀 蕭穗程今把君篇翻奏五飞

遊思尺尺望湖湘柏一杯舟

初九日 同鴻璇硯儕周英游道達津津有有趾鴻楊撐舟登

覺舟小才如一葉 醒撒往還了了三人皆婉未張也 津

上棋花塔開

初十日 課丁乙戊班三十人 發家書

十一日 授丙 周生秀卿来问论语

种兰

十二日 授丁甲

十三日 授丙甲乙

十四日 试丁 万锡海贵承香最

十五日 试甲乙论语学而子张两好学说

十六日 城东学堂行毕业礼 往观

十七日 授丁乙 顾亭林钞书三篇解题跋记 周生星垣来

十八日 授丙 校阅乙文译 长芳西潘耀张振长芳最 雨

十九日　授丁甲　子開先生存泉況議晉　致丙丁兄書

二十日　夜大雷雨　授甲乙　試丙龍甡成葉最

二十一日　試丁著錫保花家傳最　校改甲文張丙琴李承慶

倉生獻最　周生來　伯瑞來緘

二十二日　試甲乙史記自序述先世說

二十三日　游道遠津　同游者翟李金史四君及甲乙丙丁生魯安

葉山范也　與伯瑞書　復泉完書

二十四日　授丁乙　校改乙文潘耀葉最　雨

二十五日　授丙　周生來講論語先進上篇

二十六日 授丁甲 譚生袁傳璈讀史記 亦美才也

二十七日 授丙甲乙 授改甲文 魯生最

讀百三十山房小序 云云當解不合 請者不合 臺院皆訓爲不恰 樣

課未安 各書存聲之段

二十八日 試丁等生 范生最 [illegible]手函書

二十九日 試甲乙 太史公 講業齋 魯論

三十日 三游逍遙津 樓飛烟樓 與李君坐樹下縱談

候金治陽閱過有才山堂 日報述日本人新購武器利器石

種蘭

閏月小

初一日辛巳 雷雨 授丁乙

初二日 讀漢書循吏傳 文翁朱邑皆廬江舒人廬州人物也

彥最先言郡國立學官自文翁始 周生來請論語

初三日 授丁甲 授丙[illegible]丞丙北胡

初四日 授丙 授戊甲乙文 甲以孝經魁張丞琴最乙以潘生朱生最甲之余生劉生以史記禮[illegible]簡會以禮樂釋叢七新敍之

不甚好

初五日 閱丁吳生丁生最 周生請論語至顏淵篇

初六日 張吉甫信補考 課甲乙習篆 南城晚眺

初七日 寫安稟 致孟府書 偕史君李君游香花墩 夕陽新柳觀打魚風景極勝

初八日 授丁乙

初九日 授丙 讀唐樣對

初十日 授丁甲 發淝水有分江導淮論 並循之云子西之舅所引古江淮通流即由肥水注巢湖也 宋時廬州有鎮淮樓是淮水至合肥之證 校中操場東牆外有紅杏一株結實靡可愛

十一日　授丙甲乙　上海鄧秋枚來書

十二日　閱丁　國生來講論語

十三日　五弟來書　授甲乙

十四日　四弟返孟津

十五日　清明　春雁來　謝上隴　二兄三兄聞皆旋郡不知能及期掃墓也久不得兩兄消息甚念甚念

十六日　授丙　夜來夢寐不甚佳適

十七日　授丁甲　得春兒初十日書

十八日　試丙　授甲乙

十九日 授丁

二十日 課甲乙文 司馬談論六家要旨留讀

二十一日 授丙卷 蔡生第一 劉生次之

二十二日 授丁乙

二十三日 授戊甲乙文 金生潘生宗生日取 授丙 周生來

二十四日 試丁 授甲 夜雨午晴

二十五日 授丙甲乙 春蘭放花

二十六日 授丁

二十七日 試甲乙 文翁待書假 葆園看牡

三月小建戊辰 初二日穀雨 十七日立夏

初一日庚戌 授丙 周生請論課

初二日 授丁甲

初三日 授丙甲乙

初四日 閱了 授丙甲文

初五日 課甲乙習篆 腰痛 耕齋招看牡丹

初六日 李君國英戴君峻亭同謁江忠烈公祠 壁彭剛直書

額曰正氣浩然 又謁李公多隆阿公祠 又謁李武愍公

祠其後有碑石為吾郡蔡守慕先生書

授昨課 帶寄生道禮用筆布置精緻圖畫

夜來痛瀉

初七日 未能請授 授汲乙文

初八日 昨未完書

初九日 仍未完 授丁甲

初十日 腰痛稍可 授丙乙甲

十一日 授丁 閱懷星軒文凡五篇

十二日 試甲乙史記列傳首伯夷終貨殖說

十三日 將本學及春完書 即寫卷

十四日 授丁乙 閱甲乙卷

十五日 授丙

十六日 授丁甲

十七日 試丙 張嘉仁劉金照品第 授甲乙

十八日 試丁 李錫彥花家鑄第

十九日 試甲乙 蔡雲孫子玉甄游濟料朱師諒

二十日 讀華林筆譜

二十一日 授以甲文 授丁乙

二十二日 授以乙文 授丙

晶之八一

二十三日 授丁甲

二十四日 快雨 授丙甲乙

二十五日 閱丁

二十六日 試甲乙 周禮共賓共飫鄭注引左氏說 孔子善祁奚說

二十七日 為史生非非請假 授帖 讀史記汲鄭列傳

奇才學堂萬君劭伯過我

二十八日 授班乙丙 候生白孤 授丁乙

二十九日 戴君求雨 授丙 周生來講論語

天久不雨 北達振陰 家書稀闊 殊記念也

四月大建己巳　初四日小滿　十八日芒種

初一日己卯　合肥嵩峯授案　校改甲文　李生經解成

授丁甲

初二日　授丙甲乙　薛生丁生來講讀文

初三日　閱丁

初四日　合肥相送閣帖續初變陽板往觀

課甲乙　荀卿弟子說

初五日　閱作卷　陳生來啟

初六日　授丁乙　袁生來談以趙板修函屬題一雲湖

除夕前落渫得張師母來饋，借二十千錢，還之。
一夜校律以畢。
初七日 撰西 鄭生送襄甚書，屬序其書。鄭名□，□□人。
初八日 續撰漢書東夷傳，據其長四尺，識出檀弓此
三字而疑，讀文選下讀注 夜為鄭說改定一節 後歸
定生難定，改歸其押以否。
撰于甲 一新序書所識詩雙，東為舉孫多真雖也
取訪引 以蒼歷畢於北也賢歐，其日韓翰詩之以蓋
又云大合各訪訪地男子自責，如鄰女子白皙其拖像面

青禮堂審定舊人學七日王寓生爲下說曰孫壽者

生已上　此上所述皆與今日東西國俗近

初九日　陰雨己甲

初十日　閱了　讀內杜傳

十一日　得五弟書　大岑寄來三月廿二日信述寄函自去年一病後

神氣大虧今春精氣遂日見不記生平於諸錫中少差

我獨已頻年飢驅碌碌閱歲色痛悔年已及換髮

持已慎與人周至絲毫無一自恨輕奏無一似精神當

形貌遞衰摧甚覺不堪痛哭更重過

庚子之五二

課甲乙隱頭花序與花梗

十二日　寄雲五第書並安票一封

十三日　授丁乙　授改乙文　請王秀生易

十四日　授丙　授改甲文　蔡生田生易

十五日　授丁甲

十六日　試丙　授乙甲　大雨自昨夕至今曉雨量七寸餘

十七日　試丁　右足踝酸痛　倦極思卧　夜來展轉不適

連日肝形胃脹痛甚

十八日　地氣潮溼如吾鄉所稱黃梅天氣中心不快

忘其所也　試甲乙班平原張蒼録左傳論

十九日　潮熱殊甚　向夕大雨

二十日　雨　授丁乙　校丙畢蔡生沙生白卷

二十一日　雨　授丙　校丁畢吳生范生呂卷　讀耿壽傳家

太醫令子附兄傳末

二十二日　授丁甲　候晤懷公函

二十三日　授丙甲乙　校改甲文金生李生黃生呂卷

二十四日　授丁　蕃安屬業

二十五日　授甲乙　夜雨　閱生書讀論語

二十六日 大雨竟日 蓮塘水滿 是為假歸雜著兩通

毋乃 校汲古文瀋生黃生最妙

以字郭與爻通中以字一字雜 以文爻分辨

二十七日 標丁乙 看日知錄政了篇 錢筮之法 以三漫為

重 重爻為陽 三字為交 交爻為陰 二字一漫 以一漫為主 為

單 單爻二漫一字 以一字為主為拆 拆爻重則九也 交則

六也 單則七也 拆則八也

二十八日 標丙

二十九日 標丁甲

五月小建庚午　初五日夏至二十一日小暑

初一日己酉　史瑞翁贈我生理學　授丁

初二日　得兄書　授甲乙

初三日　寄復兄稟　看柳州文

初四日　停課　看曾子固文

初五日　午後發瑞翁君同出東門觀龍舟並晤文君開

晚餐後聽李君談嘉興近事　嘉興有李某横李之

家視常李倍形兇暴拂云

初六日　讀廬陵文

初七日　李生耕甫贈楊文懿山葉樹書院四字精搨

皇朝經世文編卷一百四運河上有潘文勤潘叔出江疏及論

秋河書又隱差若樓閣諸建議皆丹徒張觀也　又加見底

錢李懷麓畫錄毗鄉人有丹陽縣生縣見姓名錄目引識

輔通志

初八日　看張生重刻詩小說敘

初九日　上二元書

初十日　檢理書目錯

十一日　讀兩漢歷史　藝文志六藝今古文考略　史記仲

德育子至今日刊修相沿後

十二日 試丁班歷史 題〻興嘉祝諸侯國〻興嘉祝國人說與國語集先後勝負參略

十三日 試甲乙班國文 學林論學以博學者爲先論

十四日 校丙卷 張壽仁 汀都傑 劉亦昭日取

十五日 校丁卷 葛錫海日取

十六日 校甲乙卷 甲 顧壽彭 金崇獻 李承慶日取 乙潘耀棠 馮兆熊 張振聲日取

十七日　與絅城史君、嘉興李君同舟啓行　雨　泊葉榭。
城事在川中

十八日　雨　抵莘湘

十九日　雨　張君銘之招飲太和棧晚飯

二十日　黎明同李君附悦和輪船自莘湘開行　下午到
郡　雨

二十一日　渡江過仙女廟宿泰州　雨

二十二日　同歙鮑芳卿暨城紹亭蘇買舟東旋　晴

二十三日　到家，母親及二兄以次俱安健

二十四日 雨

二十五日 詣華廟祀神 候大兄三兄

二十六日 過精舍見孜師 雨亭過我

二十七日 誼齋過我 晚吟老

二十八日 過青齋

二十九日 過蘭史蘅皋 天驤墊

嘉定人之三

六月大建辛未 初七日大暑 二十二日立秋

初一日戊寅 訒齋過我並示我四史㬟校本此本不知何人手筆自嚴本參證以至王氏稗志錢氏考異王氏商榷梁氏志疑查氏補注采錄具備然尚須訪錢十六園勘訒公留之

初二日 訒齋屬題春承鈔東坡卅首詞

初三日 看花伯子詩贈馬通伯云眼有眉才柔何空不年縱論恨難同匯知兩鬢雪紅白新何一髮哀老憶紅燈月千秋還無如黃鍾石鼓誰能寄日看憐蕎

蒼崖鵬翮館被蒙莊嘆二十韻

初四日 蘭陔過我

初五日 右脚病濕不良於行

初六日

初七日

十六日 恆齋南園路為潘曲先生祠堂畢日落成屬

泰兄往觀禮云

二十日 勇賽湖水大漲 閱收閘壩

二十三日 祖考忌日 六弟來

二十四日　致開霙書

二十五日　蜀立過我

二十六日　梁公約賓南與柳翼謀北固山聯句五律四首

諸發庭以先德少壯三好圖屬題

吳寄庵示我許海秋天井山館填詞圖長卷屬序

二十七日　連日雨風水勢驟長聞東羅還千里兩壩低田收穫

殊無及矣奈何

二十八日　苦雨不已

二十九日　朱儀嶠歸縣令以公屬嘗子青平反

三十日　疏食三日並茗飲亦禁絕腳痛稍愈

七月小建壬申　初九日處暑　二十四日白露

初一日戊申　伯潛自鎮郡來贈我周遂啟諆鼎文拓

本鼎為漢陽葉志詵藏器道光甲辰送置金山葉

作歌以記其事並為跋語其詩注中云道光壬寅春二

月陝西岐山縣城北業陽村史姓耕地得此鼎鼎文十

二行百二十四字其出土後虢盤五年虢盤為道光戊

戌也

初二日　讀鼎文大略與虢盤多同其極帶維續兼

釋文諸丕顯厥為識于我工當推啟下讀斷章以

發字屬下文辭者為楊氏也

初三日　足創讀書漸少

初五日　精舍記鄭君命兄子往行禮

初八日　五弟四十生日

遯齋指疵兩屬改國主韓意為東覓寄兩遯公書

之

十一日　讀諸葛武侯集正誼堂本

十二日　足創月餘竟爾俱瘳天候復熱殊少佳趣

十三日　祭先

史通採撰篇：諸葛猶存；曲筆篇：蜀老猶存，知葛

亮之多枉。此兩條當補入文集佚文中。魏書毛

修〻傳：修〻語崔浩曰：昔在蜀中聞長老言，陳壽為

諸葛門下書佐，得撻百下，故其論武侯云：「應變將

略，非其所長。」蜀老云云，蓋謂此也。浦氏通釋未詳。

原愛教求志書院課題有史通通釋補釋，彼時草草

完卷，亦未及此條。

十四日 天熱，一似大暑時。

十五日 朱倬夫來談詩，渠今年有叢錄〻〻非道

白京文五二

我而未得至地遂所為詩多詠廬州山水名勝雜
而處處觸懷我多多矣
十六日雷雨自夜向曉稍稍轉涼晴間溽氣亦為小
退
二十日舅氏靈櫬將返葬鄒山今日祖奠
二十四日能弟寄示我藏書目錄
二十五日過肆購得興化宗子湘詩鈔一冊
泰興張孝家假得讀之手校周季編略書端有元同先
生緒書云督人以縹讀文書為帖之贈以周萍文書不

孫豫棠雖無以自聞亦可見先之業謹德矣
二十九日買舟南歸而貴僕因病一身留滯亦無
可如何也

八月大建癸酉 十一日秋分 二十六日寒露

初一日丁丑 集泰山經石百歲字聯 汪成幅題石匱

初八日 拜別母親 附輪舟至泰州

初九日 抵郡 發安棻

初十日 蔣甫來寄廉閣家信過予

十一日 歷卷過我 夜半附江寬輪船上湖

十二日 夕至蕪湖

十三日 晨由蕪湖開行 午過巢縣 晚抵廬州

十四日 晤開叟 發安棻

十五日雨　与史瑀、李英斟候月不得，作歌破寂

一年明月今宵多，今宵无月可奈何。三人促坐哩不

语，绮着银阑归恒娥。娥娥沈沈秋宵府，管虚前下疾滴

空滕嗟。吴君仙嫁漏波，李君乡梁谈嘉禾湖

屏烟雨蓝话声，按叶吹白摸波如深。所思远哉怀得

胭脂桂藉为志而诗。荷香灯作明饼，依赏眼前

佳藉䨒过，嗟乎有酒即重九，此例至今循东坡。

十六日

十七日　撰甲乙两三班文史　以下借阅

十八日 題孝志辰 櫻丁班史

十九日 補試甲乙文 讀漢藝文志六藝與諸子相次說

二十日 校改甲文 候通變慎公祈公 遇健甫秀國荃

書局見曾惠敏畫象 惠敏國荃外祖也 錢鐵一

訪濮廛譜畫人象 黃挺相有文正去盧象 丁未同張甫遊禮寫 滿記寫

宗國[redacted]宗新洲通[redacted]楮人讃像辭韻節亭

詩舊學源真 經學 惠敏通小學 歷哲無今古[redacted]例

嚴中 文正序惠敏 刊手迹又 為歷哲吞象

二十一日 與泰兒書 校改乙文 作書致閩定之辭昨學子

二十二日　閱述本書

二十三日　閱甲班生福前袁筆歷史卷

二十四日　讀漢儒林傳

二十五日　同史季函君游通遠津，附舟過楊柳木

東美芝夢歎來光景遣人八日

二十六日　課甲乙柳下惠不以三公易其介論

二十七日　孔子生日　校改甲乙文

二十八日　讀漢書百官表

二十九日　讀續漢百官志

三十日

九月大建甲戌　十一日霜降　二十六日立冬

初一日丁未　續業敘傳

初二日　讀文史通義浙局本有脫字以粵雅堂本校之

初三日　校文史通義

初四日　邃齋手札索余往華碑文及詩

初五日　校文史通義

初六日　史記儒林傳平津侯奏議史漢舊注多不明曉

為兩班生詳說之

初七日　課甲乙文

初八日 改甲文

初九日 改乙文 同史稿卿登南城尹非

初十日 補前月之考甲乙生 諸葛自比管樂論

十一日 与孚吉書 讀歷邇公書

十二日 試丁班史 吳生錫滋最

十三日 試丙班史 沙生 蔡生 劉生自取

亭林詩集 去所呼中書局 郵州日報社 龍泉寄庵集 附年譜

十四日 授甲乙歐陽生文集之序 曾敘述桐城家法本之漢書儒林傳

十五日 讀國語周語 太子晉諫靈王壅穀云觀之詩書與

民之憲言 民之福 憲之足者 王者生民之穀 自我先

王厲宣幽平而貪天禍至於今未弭 宣王不籍千畝

而與厲幽並列者 不耕籍田 料民太原 失養民之道故

也

十六日 讀國語齊語

十七日 課甲乙生習篆

十八日 同稱卿過張園看菊

十九日 校理甲文殷生李生家

[illegible] 五二

二十日 校改乙叉潘生張生來 日報錄皖省振華館

少仲敘影第二

二十一日 潘生伯華歸取同学贈詩屬余為序

鳥語之號，士禮，陽往陰來，蘭情之閼，閶闔風雨，降於洋灘

雁協序，止列而飛，倡鷗風飄，飄零動而多聞，己酉九月

廬江潘君自郡校乞假歸省，驪駒載征，嬰鳥暫闕，承

事合好，以戴垂不朽之文，為軒美之詞，老師霑福仁人之歸

於是羅句藻之集，即合嚴之詞，追祖席之歌，入舟中之

譜，以編竹既審，疊用引，嘆揚擢鹿節，雅舒端指，纔

惟萬生錫嘏雅文衍乎子孫旗霓勤勛武重暉乎光烈
聖清中興傑人儔起東郡驃騎猶傳少傅之緒南陽
歐譜秋曹伯松之孫君叔琴孫中丞之曾孫而舊五部錄之
翩也睠眩世家羽林年少高門突突公子之翩翩[illegible]況
復紫清陽躡蔭藻心絢春江黃岡雅林會情秋賦[illegible]帚
之國器師儒自以青喜兩年之器非諸藥學郡縣圖籍
郡十餘人含長桂遜上二千石君乃睠之懷鄉閭此君此譜群容
縱文翁榷荐之對追垂義徵車之識昕磨多澤太阿
濯之光芒日積月綿豫章勞之支錄笥歸施學文武

壽文 二

吳宜。萬俟識。名書者甚饒。周濂剛早負譯才。許高則每
通稱。衛尉中常侍、馬融。令丞郎中。甘泉辭畢講。自君晚博士。
賦停進者百輩。擅專美於一書。此所以示之川澤。事
相錯綜。琱玉璆琚。武諸齊錫也。雖經德理，雖鬢譜
之之為。少君其事。映湍瀉之，繫。無皆畔，競繆見。淮邀慶也。
録録往獵。播為歲議。君則家承賜書。幼耽魏志。惟登
超而諸驪。野我蘇而子佩。殿逢劉聯。因相矜量，倩倩
鬱。京兆傳篇。下子識杜陵陵。勸處處遙。將騰扶乎
荊棘。雞鳴鳴。聲首綢繆。桂風霄。是則遠園勝表表

此懸知東觀奎章，瑚如節扇之諺，未許庸拙借隱

者云。

二十二日 讀廉頗藺相如列傳。傳之先國家之急之道，人臣之交

之美哉。吾之自取辭讓，請取玉以謝，曲設兵以防禦，美雖說之

然題何也。入往以重臨，羞然以協敵，自知難敵，兵如題

何也。玉指破秦勝之，柱當歸，知以取棄危者，善功博勝

者之多數，無引車避匿，周旋諸門，無公責遠私，君子之美而

食人之恥，故寡之志，則廉頗負荊肉袒，謝罪未足

者也。卒歡而避，去而面而相，則將賢而信之，傳未能者也。

新聞秋樓壽妻續志讓口口而難也劉辛皆蘆叢

師羮蠶官嘐之宣成也手爲之養鏡君馬服之薦擄

許歷同卅之謳以爲明也樂樂之諸歷文顧真李牧之挹

顏黎愛代之騷以爲論也憂遠之言曰智勇之雪世厓

言敘言月是道云云

二十三日　試丁班卷閱丁園館墨

二十四日　課甲乙律易傳操卷

二十五日　致丁弟書附與東光札　答姜筱仰書

二十六日　校改乙文簿生名

二十七日 接汲甲文翁生函 沙生郝保来问经史入门宜读何等书

二十八日 碑贾携来焦山鹤铭及汪容甫跋云武阁亭假觉裴過所謂閤人造者 然之能印壽者去

二十九日

晋右将军会稽内史琅琊王羲之禊叙定武石刻五字不损本乾隆五十年八月江都汪中容甫题

赵承旨以独孤长老本为至大三年承旨年五十有七是本乃五字已损者中生承旨后五百年声名物力百不及承旨今年四十

有之而所得乃在字來橫看中推文章學問碑版二者之補所
專正多下道宗歷人貴告此敢推斜名仕宦語然每皆
識自知前朝學且分離
補所希書學敢與無更抗行今額上承之行世為是原傍刻之
謝給了有元拓一本給了細書誠觀凡十首六種鑿堅空均
極精審今歸邑廚祖全人中曾見之識絕世之寶也能此推
寶武承正如睥見其人以此知寶武所學更書也董為書畫法
雅識推寶武風力來張學步乃銀額上承在寶武之上雪鄭語
難得一人手摘也下同請其為考補之

錄見宋鄱陽姜氏絳帖偏旁號如子以夭之首如此本正楷書之
自曰奴隸皆見得了取驗偏旁雖復知者定武真本誤處作偽
者依姜氏之言而為之又何以待之錄刻本合於姜氏者所
謂無可議者也姜氏固嚴見姜者幾也
古碑鐫刻之工以照隣為最此刻點畫轉折鋒稜絲毫俱備
自貞觀至今歷凡四百年如前三刊及一死生一字之顯固日就
刓敝然其存者一點一畫精神煥發如新殆與太學石鼓
正同知鐫碑師之良即其石亦美材也昔班孟堅論其宜之治
亦非崇識之所可元成以來歸然及之矣非此刻亦以知自觀之物

之徵也

右軍書不存一蹟（墨）十七帖中喪服餘火思夕郗邑二帖絕似

率更書亞率更所自出也唐書文苑傳稱率更本學王羲

之書可謂爲險峻柳芳吳兢之舊文宋子京承用之爾世

人不識右軍書見定武偕禊敘結體似率更遂以爲率更

所書則誤矣

褚稧敘則本多理宗所集游氏所藏不可得見矣以定武甲乙合

之月世看顏之筆跋兩之鶴莫雲關之鶴都爲劉調宜其本色

其京湯國當二本俱定武之遺嗣爲星一蹟東陽清勁過是

刻手失也後開皇僧璐是也國學秀才謂過是刻手失也媚是興

讌本是也孔子曰質勝文則野文勝質則史文質彬彬然後君子持是

以論書要於定武石刻見之

敘中淳化諸字此刻並同宋所記因字內之二字良手二字然夫

天下好文之字出乎之書化字而後此之筆跡在于劃刻定

武本及湖本所刻皆不能無紀定武是濯右軍真跡上石也然

中雜張登古歧不見定武真刻者故深知之此紀人之所張為也

定武所刻出自歐陽率更以吾以為率更所書有中書本於手太

宗之推此敘書之妙非至篤也勝之妙非至難也既非專諸負不

袁褫之林乃舍右軍之真蹟用率更之臨本歷之辨數者曰優
之王受封中郎至朝帝貴據帝紹而能之事以史何應之蘭亭
如米記云帝時帖命馮承素韓道政等分搨數本賜太子諸
王一時能書如歐陽詢褚諸公皆臨搨相尚劉餗嘉話錄云蘭
亭敘武德四年入秦府貞觀十年乃搨以分賜近臣何子楚
跋云唐太宗詔供奉臨蘭亭敘惟率更令歐陽詢自搨之本真勒奪
石留之禁中經亂知定武本乃率更響拓而非率更手書於石
前輩取釋古搨原刻之精者曰下真蹟一等此則以右軍之真
蹟太宗之見重率更之德藝識可知矣會千載一時難以論揚

叙學刻石書跡情境絶帝人間法書此何以過之自宋以來士大
夫慕金以贍性命不輕良有以也
至有題跋之學魏江編修德量嘗以於金石之學文學注編修云
南北朝至隋唐碑刻之存於世者往往有隸書遺意至開元以後
始絶乎今觀太寧難發隸書不應長諸者之今則無諸刻
甚似唐人臨本則傳摹失真也編修以詮中之數文學精罕
尤不可及也能得其見吴門繆氏所藏漢化帖第六第七第八三
卷題跋碑帖隸書與別刻迥殊此本亦能如細因字
向之二字古人云之字體古字及文字隸書與魏邸平公造像記梁

黄平倩稱道所推絶相似因歎前賢遺翰多為俗刻所汨没
而不見定武真本殊不可與論右軍之書也
中年十四五即喜學書畫至今幾十年矣所積遂多之為有
之若無陰羌本惟借秘較未嘗留意以為不如定武本則他
刻不足稱也而祖刻畢世難逢之世望之想因名蓋累今年
夏得人持書來易甚禮求帝圈是刻本多瘦清澄州無疑
跋印證而紙墨神采如新遂買得之念此紙之留於天壤間
者將八百年中間不更幾人而無毫髮之損固神物護持
然使之者一二好古之士爲之表章之以錦標玉軸之飾

則當係臺遠城為大力者所據余又安能强之物之顯晦遇
合識者鑒之
今統論書以右軍為第一右軍書以修禊敘為第一修禊敘以
定武本為第一世所存定武本以此為第一直推四累之上故
天下古今無二
三十日

壽文五三

十月大建乙亥　十一日小雪　二十六日大雪

初一日丁丑　試甲乙生許叔重五經異義論

初二日　過慎思通中　慎思過錄何義門校五代史通鑑寫本也　市蔚叢本　讀後漢書儒林傳

初三日　校改甲文　詹生戲生白函

初四日　校改乙文　黃生楊生吳函　馬通伯往蕪湖今年不復來也　勿上歲別鯨自悵然

初五日　春覺來書並題張廉卿詩冊七古一首

賀善餘將來廣州　現暫先寄一札來

初六日　與春兄書

初七日　菊花競開白者最貴黃紫次之

初八日　課甲乙生張良為韓報仇論

初九日

初十日　校經甲文余生日最大者云非為中晉之傳儒而與國者昭穆之先師之也順致祖德之起治而錯鐘既名更參而鑄之矣

十一日　大風夜氣未漸寒

十二日　校經乙文

十三日 初十日神州報布云 煙臺東莊鄉民王某往東山窩

邊東掘土得銅印一寬四分長六分文曰漢壽亭侯印

[redacted]云

十四日 昨申買目神州國光集錄吳清卿藏秦田邑權

文凡三十八字 廿六年皇帝盡并兼天下諸侯黔

首大安立號為皇帝乃詔丞相狀綰法度量則不

壹歉疑者皆明壹之 元年制詔丞相斯去疾法度

量盡始皇帝為之皆有刻辭焉今襲號而刻辭

不稱始皇帝其於久遠也如後嗣為之者不稱成功

繳德。刻此詩。加刻右任母輓。

十五日 試甲生當文正體江小帆視學湖北序書後

讀汪容甫墨書二序儀十五年不落卷四

讀初瑞卿英材卷聲酒之會

月食

十六日 同瑞卿英材登照慶寺觀十八尊者像

沐浴

十七日 善厰烏之廬江來

十八日 讀考工記 于班生表爾瓊雅唫經史卷之五

刊行引書段氏譯稿

十九日　同瑞卿過蕃餘

二十日　考秦用邑權跋　用邑即用陽邑以為桐邑私也予前

年得古銅皆文曰用邑蓋亦用邑鑄

二十一日　試乙生曾文正古文淵原塗經說

二十二日　懷翁過我　同瑞卿莫樹淳合肥學宮

二十三日　校滬甲文上堂生季生魯生罷

二十四日　試丙生史　汲鄭治黃老異同說劉生爾昭非璞

日罷

[illegible]文五二

二十五日閱夏扇乃盧郡姻雲留擇譚南禮江北

枕淮滬汴淛秘神韜頑擬萬歷陳林之霓東極扶

鬐西瑜奇笙雕橫決商戰會寡一熾冠瀛寰

閱夏文。驚戍鼓昆吾齋集及碩伯臺叢論集

踪

二十六日接孫乙文潘生函識丁生史左傳百器記附箋

諸二弟生花生函

二十七日雪

二十八日大雪英樹贈我南湖八景圖四瓶山積雪八

曰悲溪明月四曰东瀹朝曦五曰参禅夕照六曰龟湖烟雨

曰禾墩秋稼四曰萍塘春桑三曰彩閘风帆三同作唐午

皂山集録附作

二十九日大雪屠臣　甲生岁课汉五郡校邪文翁宋兴太学论

胡瑗论

三十日雪霁严冷　校改甲文　鲁生紫生田生岁

刘生乃屡来问论语谓至所好好为不良人之所好拟匹

而公布着言但而所古说言学与诲人皆君子好之好善好恶

化也称是则为乐反是则为恶反加次之以礼不信学不诲

五二

固執不能從不善不能改是吾憂也略之至刑能推起
居通非寤寐寐治之以事之夫之著見周公者據依雅
務業之所推也秉信情排邪救他之所推也不忘不厭好古
禮之所推也顏淵曰夫子之所好者也子游求合非夫
子之所好者也倣次求之而存之人之好見之事
泰兒奉書

十一月小建丙子　初十日冬至　二十五日小寒

初一日丁未　讀敦艮吉齋詩　秋柱獨酌寄懷陳立凡孝

廉曾公云　血如援難任　望山縣覺已華　美人隔湘水　欲往隔

蘆花圖步韻銅馬兵撑起火鶴漂君離音使顏

闕文忠家自注　曾使難尋顏闕家　曾公作過食肥

以懷曾也　徐詩作於咸豐八年　文正之詩舟姊皆為咸

豐之年

初二日　答泰兒札

初三日　以雪汁飲菊花　俞覺醫齋亦去

初十日　晴。午后得銅鏡一方，其背銘云：既屋⁰其中⁰，六方⁰其外⁰，一壘⁰，不⁰謀⁰萬物⁰皆⁰備⁰。末一行云：湖城薛惠公造。又得千銖錢四，其一背四出文，其一背橫柱文，其一上下有"君宜侯王"四字，回環讀之；其一則鐵錢也。

二兄來札，即寄答，並與春堂書。

夔翁屬其弟鏡人摹古泉三文寄視：一曰蔺宦，一曰周化，一曰篇目，一曰拔佃。信實，此三錢字畫甚高。

十一日　甲乙丙丁四班學生屬爲撰祀公辭。

兩漢經師，東京孝子，南朝禮學，北宋文學，二千年學

毓粹鴻緒武作鄉賢傳他時原字親重編當補記廣州人物

尹朝道墨郵壺儒兵廣記藝術評劉彤類五百家識論

能庭於袁賴鄉講學我常問原舊撰藝贈羞之會刊其

十二日　讀漢書食貨志

十三日　又為乙班學生為經傳釋詞輯要

趙公贈我五銖六枚　秦苑本書照七古一首題江鄭堂

集

十四日　同陵公寓何英好存淵物之屋曾獲藏王種寶小銅

川圖及乏所藏漢鏡拓本鏡銘云尚方作鏡真大巧上

壽文盦三

有仙人不知老渴飲玉泉飢食棗浮游天下敖四海壽敝
金石長保二親子孫 小網川今歸龔氏所謂道善津
也謙齋名爲辰
物產會招觀影戲 晚同雞醉酒諸君皆有詩
十五日 校正釋詞轄要
十六日 頌秋校書堂雜監拓本 善餘記學田郡明
日訪安香亭館君秦權讀一過存別
沙生郡傑郁文人秋擬部屬爲譯正 譯據秋光似
此邀譚經身世索然何聽煮觀彼影鏡下地招懷誰

襟袖洞明，歲華風雲淮楚；彌空雨雪薊門
鬚髮（丈夫 京師）常和廟學有罢名，題匠膜振邦山樾之陽

十七日 卷春完書 石公送我

十八日 試兩生 九能今義 劉（虎少基生） 龍生李生鼎

十九日

二十日

二十一日 同兩仲英姊出北門 擺往西門 謁江忠烈殉節處
未果

二十二日 停課 萬生來同述學

二十三日　昨受寒發中淅淅不快二病臥三天日

二十四日

二十五日

二十六日　寒二病稍愈

二十七日　者務的精盃誠　張鏡翁贈我古錢一萬

十六　書自山东行来者　閃雷

二十八日　大風雨

二十九日　試雨子歷史　雨雪

十二月大建丁丑 十一日大寒 二十六日立春

初一日丙子 試甲生畢業中國文漢選郡國弟子以好文學敬長上者先論 郡守李君來會考

初二日 試甲生彖看傳五言 和親蕃國論

初三日 試乙生荀子書後 勸學墨子書後 救士論

初四日 閱丙丁卷 丙姜生劉生最 丁王生袁生最

初五日 閱甲卷 殷生魯生余生金生最

初六日 閱乙卷 潘生朱生岑生陳生最

初七日 札贈魯生程生姜生丁生書

石公再用慎思韻見詒叠韻和之　我補尊林蘆薈

詩喚書傭廿四歷慕顏西京尚有神明裔

國門退六山峨合張右巖如墨辦保亭吟債愧

囊慨年年互說專暉暖此三忘纏綿江淮闊

初八日　贈甲班魯生乙班程生詩

十七人中日最少年年冠倫文采殊倫倫嘗施閣寫

纖聲機雖早開禮堂修射賦箭樓十二學子稱

舒國議推鴻博選五言先備象賢處固難　江夏

論辰鑄廿載風雲更記瀛　魯生室公屬

英彥試之日，邵已仲濤、黃而外，吳君銘一人爲右，
以精通濤數，性嗜九算，精數測天步（生精於術）。
術，術遇人指說，嗜讀記聞，飲我兄弟，録風流龍
諸相高質，門下伊川，紫陽說甚，雖生孫君
甲生畢業國學，屬爲禮堂撰經籍，纂書儒林傳
今之百年，言說甚多，字師深之十石，窺其謹與
計，緣秋華郡守會考，得仍說諸省覆試由部
給憑也。
李別，健菴石窗訪求

□文 九二

初九日 同禹卿英牂附輪舟東旋 閩宴及校中諸
生皆有不忍遽別之之意 假生壽彭以次送至河
干而返 魯生祖生隨至舟告語
午後渡巢湖過澂留滯甚時 夜分至巢縣
雨雪襍下頗冷
初十日 以風轉舟來一舟駛後出澂 午刻自巢縣
開行 夜分至蕪湖
十一日 禹卿乘上水船遽返桐城 余與英牂附大輪東
下 夜分抵郡

宣統二年歲在庚戌

正月小建戊寅　初十日雨水　二十五日驚蟄

初一日丙午

孫師雨亭遯齋日曐南擬集同人為樸實之會

初七日　與閬雲書

孫師以除歲詠梅屬和次韻一首　一枝高處隔諸塵多事人閒說喜神　有鶴鬖髿寒守歲化龍蛇誕氣騰嘉[illegible]年枯樹閬閬府因姓仙家謫子真　早向花王辭富貴野臞疏放不稱臣　雨亭丙言遯齋蘅畢壽安然有和作

十五日 游西溪春晃從

二十五日 精舍開樸實會爲詩以記之即用子澄學士己酉元日

韻照雪子澄之公曁三節龍眠二載妻化彫還樸儒之返真貴公

已是朱家俠節用從無墨氏貧一命經綸醫民物九疇食

貨冠師賓神京首善朝高處好作東風風億人

二十六日 鄉擬輯三禮注之闕涉左氏爲左傳鄭義權錄周官

一種命子泰宅與[redacted]補爲之

二十九日 讀漢書楚元王傳

二月大建己卯 十一日春分 二十七日清明

初一日乙亥 霖寶以中校經席見招

初六日 得閩寶箴書

初七日 再致閩寶書

星為得安邑幣〻文凡五字曰安邑釿八千 洪志以下稱安邑幣

文有云一斤者有云二斤者長八千斤者管子輕重云粟賈四十則

鏹四百也十鏹四千也二十鏹八千也金賈四千則二金中八千也據此

則幣云八千當二百二十貫 管子山權數又云禹以歷山之金鑄幣贖

民之無饘賣子者此八千之幣可以易二十鏹之粟猶周禮所謂

天災降虐權輕重以拯民患者与

十五日 譚生聲甫來書

十六日 復譚生書並寄萬生詩 芰鏞

撰史野山藁叢寄桐城史君

十七日 南皮示予近作並跋去歲敦艮吉齋文集

二十六日 春祀 頻年備書未獲致家逭今往饋用閣能也

二十七日 精舍照孫歸

二十八日 致蘭寄書 擬廬州中學門聯 漢文翁倡學以來下

下乃至郡校宋包拯讀書何處里中更起鄉賢

三月小建庚辰　十二日穀雨　二十七日立夏

初一日乙巳

初九日中校開課學生凡五十人分兩班曰中學曰高等小學中學授左傳國文小學則論語也何允武周鍾沂朱瀛泰乙臨馬鑑揆楊蔭庭皆聰穎而嘉善陳賽揆沈治邦李介佳宗左權亦勤敏過人

左傳講義擬分六類曰左語則賈服以來舊訓及國朝儒先說解足以補正杜注者是也曰左發則通其事實如顧棟高疆域山川氏族爭盟各表是也曰左論則馬驌事緯高士

嘉慶末歙氏隨筆請纓論亦兵家一人一事紀論是也曰左異

則國語公羊穀梁毛詩戴記周秦諸子史漢異文是也曰左

系則搜其源流是也曰左徵則舍所採左傳以諸詩徵

兵徵諸篇是也

四月小建辛巳　十四日小滿　廿九日芒種

初一日甲戌

十八日榮泰授室

石匠親家過話[illegible]日

五月大建壬午　十六日夏至
初一日癸卯
二十七日　暑假

六月小建癸未　初二日小暑　十八日大暑

初一日癸酉

初旬連雨大日者復暢晴 秋禾甚豐稔

溫左傳一過 國語一過 穀梁傳一過 此華日前段經叢疏閱

傳注群理義跡淵承

國風報錄中國古代幣材考 曰貝曰龜幣曰皮幣曰粟帛

布曰角齒曰器具曰珠玉 報錄春冰室野乘頗詳國朝

掌故

陳君瑞生以椒玉讀書園屬題 潮兩江烟樹 謝吉蓀秋根居

養性情真洞庭經，未進山石張鋁當年一輩人 君懷於 覽畢註

未在蘇及洞庭山故以力往匯石為說

七月大建甲申 初四日立秋 二十日處暑

初一日壬寅

初五日具撰擬祀鄭君偕莫子偲鄭君生辰詩並賦一首

四象皆交侵國微小雅廢王道亟地下完璧不可碎錢懷以

漢司農大典括中外年雅言一篇斯德未有伐以上東兒作鏗、

楊西設課課李膺裁伊誰詣道人修一議繁不殺造門

結孔契伐蠻討以昧能平絳帳鄒絕鮮青州對江左綰

補歎聖請學乃大戶霍財能指人媿子能嘯煩未爭

春秋議大匯語怪劉傳淚擇獲翻情苑書陰[illegible]度禮

戊寅說秦仍先輩興頫紅豆惠定宇據劇傳言七月寅爲鄭君生日酒助墨

花醉翻墨花有不花鄭君生日醉同中東丘處預邦北阮曦樸公守家傳

鄉往燕馮之蓬邊莫集経巢覓逢遠綬郘亭歎園遺樓蓉

薰謁偉識說如概六藝酬先河豈倒從祠寓碑當白

盾題宅下貴巾特精神照來茲英水厚坤載永尋

元秀照之落蓋因成殘說被突珍攜象刊解縠雨風

秋廬之本讀說麻菜

郘亭遺詩卷八送馮魯川之廬州云自君出守吾山長

遙頌之廬陽五載年辛酉至乙卯甲子凡三研也搦馬嘶芳懷河

訪琴書家藏蔡詩江天相逢快讀書眠歟此之真蹟夏

兩縣了卻公家事一笑為除著屋八公前

又贈張庵卿浙游云蒲池十我幻狂瀾捉筆爭持速化舟

但見青雲生驥尾誰知白髮負儒冠石城宗莫憐待

業注云樂樹岑眠水衣歌懷釣竿余子奎謎首好似張笋張李子

早種萬之尺對邁盤來之詩寓意于子園也

園蔡雲癖讀五銖面著幕有標記者多出三國後余所得

君宜展玉印之一也

二十八日 中校閩學之生表集之樓課時為遠綴也

母親病暑溼服蔣醫方三劑乃瘉

八月小建乙酉　初五日白露　二十一日秋分

初一日壬申　研齋自甯回，贈我孫劍如篆書影本一幅

初三日　子閒書來，更申前約，並為健甫聘蔚庭西席

書亦云云

看昨傳單案原中王同有奏遂姜甯李延喜催南禮

部尚書

初五日　昨日丁祭，同蔚庭謁二廟

初八日　發子閒書

初十日　發濬生書

十五日 得古鏡二徑皆四寸弱一鼻鈕龍文八乳篆銘十八字曰作佳鏡作哉真大好上有仙人不知老渴飲飢食鈕之旁蔓花文銘鈕上下佳佛有三匡兩字弱一鼻鈕有柄中作蝙蝠蔓花文篆銘二十六字未去不可考獨上銘文近柄處有隸書馬字疑山左金石志所稱律馬氏鏡也雨

十六日 讀光緒鹽城縣志精審有法據謝之序謂屬擢條例體度審之一所理董也

十八日 顯考忌日

十九日 得古銅印文曰安成君又古鐵鈎金銀錯文字上曰

●壽丞下日午詳鉤多日丙午始漢物与安成戰國时為魏地

二十日　三兄視我宗射債墨子根射債先生再卽徵辭蘇

坪蒼母鏵臂城志

二十四日　中校閱課

二十七日　蘭庭進子郵懷郵聘信京兆閱字　拓盦老石蘇

蘭庭集精舍序拓鍾鍾會　石庭來札

二十九日　大兄五十生日

九月大建丙戌　初七日寒露　二十二日霜降

初一日辛丑　得八角菱花鏡背作鋏鍱文面有十八紫星

初二日　過窳寰兄出所得徐芍園詩集中有三月燈市同王竹虛徵寄去分韻一首請依次注寄去韻兩首芍園名郝殿子碩夫

初三日　閱章侍右詩續集駁劉逢祿從穀極依不確引首實書以疏通古訓指趣與余註說頗合

初四日　讀牧齋文鈔

初七日　答石窗書　過窳寰論書

初八日 植五年石疏 晋武帝之甫外东如之郭同之甫义杜君勇窦
晋朝吉道之义颇达 此说暇中征存隐也

初九日 以此语泰兄 代先生撰经图墓沂州所获物也

过丛帝时在砚一方 高几二寸 阔四寸馀 长五寸馀 背中空 手足皆完 理细腻 刻大雅 鲁学斋中又赠一石又之盖 砚形如之殿 宋时有此制式云

初十日 校斋 黄山千顷斋藏书记云 甫隐曾之前王之生史馆 新见谢承后汉书 为德清少师携去 余闻之 后人不可得 前顺治原沙为文言 有植谭馀论之属 至杭使为访

々兩不可得崇陽李同寇家有丙辰窯錄長子孔彥屬之
許兩不可得
十一日 校改課藝，閱鎮沂隆俊生陳襄贊最
十二日 江永羣經補義，極可年先偏從伍々謂平伍晴於杜注
漫寄李書
十三日 瑜齋過我
十四日 復漫寄書
十五日 諸樹庭下菊花叢叢，恣游覽
十六日 文獻通考封建門有春秋列國傳授本末，可讀三卷

二十二日　雨。校講科結論。

孫文恭公承禧遺疏，曰養正，曰訓俗，曰敦如，曰信政，曰學仕，崇仕，劉

則令孫承南、訓承禮承禧兩公合查官箴儀鑿岌也。

予閱素書。

宣統元年海關貿易冊，土貨出口計銀三萬三千八百九十九萬，

而洋貨進口計銀四萬一千八百十五萬兩。

二十九日　遯齋過談。

閱李寅齋徑捷馬氏所有左盦之目。

三十日　校收課卅執，未議者。

十月大建丁亥

初一日辛未 北史儒林傳序云南北所為章句好尚互有不同江左周易則王輔嗣尚書則孔安國左傳則杜元凱河洛左傳則服子慎尚書周易則鄭康成詩則並主於毛公禮則同遵於鄭氏南人約簡得其英華北學深蕪窮其枝葉

梁祚撰并陳壽三國志名曰國統

劉獻之謂學者曰人之立身百行殊途準之四科要以德行為首

孔門之徒初亦未悟見吾衰色之歎方乃歸而著述嗟乎先達何自覺之晚也 獻之論左氏春秋至隱公八年便止云義例已了

張老安請劉蘭讀左傳三角之中書也讀杜服等古之之

劉蘭讀左氏五日一編

初四日 仲安自京師歸過我晤談 張劉老何編譔書錢後

初同子森自旋出京

初五日 會子蘭書 初八日風雨

初九日 孫師示我詠三國志十首覺頗有一首云 閔從英雄皆自

幸中年辭肉食壽生何能作士空手右從此提兵下石城

討賊當曾為猾猶報仇可惜士敗速營到今無聽滄滄水猶

為王師訴不平

大風三日漢水縣長餐澧樓三十

初十日 石霞至來 曾文正公古文四象目次云 偉岸擊手當處

精寓者曰太陽氣勢 噴薄 跌宕 曰少陽趣味 恢詭 閒

適 曰太陰識度 閎括 含蓄 曰少陰情韻 沈雄 悽惻

十二日 贈樓中諸生鍾輿移文序錄郭柏蔭嗲嗲言之一

贈三兄汪容甫遺詩 神州國光社印本

過籽寒齋庭觀菊

二十一日 揚楚文病逝 為聯挽之 累世詑附通家國秘嘶青眼殷勤一

舞未能酬鶴相上醫工療國太息白頭漂泊三年猶自愧

龍髯廿一日德宗忌辰

二十二日 以濟招往看菊

二十三日 郝懿行山海經箋疏光緒七年順天府府尹游百川進呈於奏稿云懿行所著有春秋説略十二卷爾雅義疏十九卷山海經箋疏十八卷並附圖讃一卷訂譌一卷謹裝三函計十六冊據此春秋説略因時有印本也箋疏序云吳徵引極博泥滯於羣書畢山水方滋取證於耳目二書於此經厥功偉矣至於辨析異同刊正譌謬蓋猶未暇以詳今之所述計創通大義百餘事是正譌文三百餘事

二十四日　葉子賓送編醫學報

北史儒林傳張惠蔚傳南陽王綽服以後至七日至百日張雲暉恒為諸僧設齋引道據此則近世所謂七日百日之設齋其來久矣

二十五日　郋士姜穫蘭家刻石及藏帖姜穫曰懷素書白金剛經曰周武王廟碑曰西嶽廟國曰蔡蘇帖皆其所藏也其石刻明代陸國祖處買遠宦僅獲一二不當其全搨者何也

二十六日　購仰燈我禘經鄭注樸學齋本真不並王氏刻

凡二卷。宋鄭樵自敘云：自中作畢，即已搭遺補闕，以為鄭氏論

語參校三家集，正其文差，能律遠乃就鄭氏集解，合王氏

義疏、陸氏音義、音及注疏編類之書，先從采摭凡若干

條為卷二。隨書經籍志載孔子弟子目錄一卷，鄭玄撰，書

亦不傳。然史記仲尼弟子傳注頗引其文，今具采出，以為自科

亦附錄編。

二十九日　課小學論語，表乙臨董六朝日畢。

三十日　課中學左傳，朱英、陳嘉樸以薛作新疏鴻文畢。

薛魏皆由小學新升，講議頗錯，尤不嘉也。

十一月大建戊子 初七日大雪 廿二日冬至

初一日辛丑 贈毋齋壽字神鉤並媵以詩

神鉤有作自古著海水沫流日本西師拖龜食鱉以著魂異焉

遠表仕鑿銘辭作與呈公過從林廬爲美縣令相於之事

（丁未五年至西同游冶城得古鉤第一）真如積古遺漏拖視生平仲符眉

此鉤晚獲更奇絶鐵質錯以金銀一生上曰壽下曰年斷

出澤古無然疑詠公經世負偉略磨腹所蓄僅不肯施枝

宜養親適天性五十三墓猶盟其光（謝庭今年七十）語人何識窟居

侖鄉幾多友鄰蘇辛詞平生校勘託鎬經説窺神與靈

能私逐而勿多處視法詩稿已校者郎頤柳問丁娃祖齋圖

小白動爛鈎成之方今滄流蕩横倒左往岸岸看為素魯

使誰堪卻襦帶誰連空復輸屏眠丈夫船船華華覓覓好

事會當一出匡清時公今虎誕危窮經老敢誦吾家諜

寅詩南史言士瞻兄弟士瞻好金帶鈎文曰且公且侯士瞻嘗得石箱鈎瞻云宜吾家寶一經未遇寶則藏

初二日 課中學史論

初三日 晨誦金剛經秦光校讀多卷晚攜并嶽嶽湖圖紫池

之之

初四日 讀吳語越語

初五日

初六日

初七日　父大人七十冥辰懸像行禮

初八日

初九日　清河王君梓階來祝學館，余過寓新作並詩云：陸地三月已歸家，別年四十余成翁。迂疏漸作支離態，情懷猶存澤畔風。拋卻故園籬下菊，得來江左一萍蓬。天涯知己如相憶，鄭重褒題托便鴻。

徵詢寓居寞三年，誰作誰為寄再予，都成空之作的字

豪者錄四古執一鳴雞若有戢令風雅名摩敵宗樣刺譏
號浮沈竟轉蓬恩以青溪文酒會歡娛無餘雨冥鴻
録寄羽翁詩書書一則據正徽子從容書至申通志局晤李
至壽萱處學務公所陳石遺精文
初十日 校改課藝注經生鄒鴻古朱葉異取
十一日 註經南京東先人困為新赤圃說及補校並排刊遺詩及
補文於人有子不去本款也
十二日 王厚少仲過我
十三日 劉向說苑梁刊本傳東君夫人書義於辨諸篇多

餘義例之說，善乎春秋無義戰不貴事之大經也。又曰

引詩者魯詩說，孟子固序說不可考，又說所取者博

不能無失紕也。

十四日　仲安往津沽。

十五日　同校馬吳諸君為月當醵之飲。

十六日　擬伯言書中庸國子云諸綴少科子權一番吏少科

上下通之議，與亭學林研究論會，又由全論者十月說

論匈奴者是之道也。

十七日　移居侍自申止。

十八日

十九日

二十日　東臺學人傳中校開教育會停課壹日

二十一日

二十二日　讀周易啓蒙論筮法云：蓍凡四十有九，信手中分，各置一手，以象兩儀，而掛右手一策於左手小指之間，以象三才，遂以四揲左手之策，以象四時，而歸其餘數於左手第四指間，以象閏，又以四揲右手之策，而再歸其餘數於左手第三指間，以象再閏，五歲之象。掛一，一也；揲左，二也；扐左

三也樸衣也拘衣下也是謂之蒙之蟜而成一爻十有八變

而成一蠱卦

二十三日　註據南買惜抱書札

二十四日　石窟手書

二十五日　答石窟書

二十六日　閱毛詩禮徵

二十七日　王生珍藏廣校板樹詞　序云為文須千斟萬酌

以求一是再三重改無傷也能改而善者十之七改而謬者

亦十之三乖隔酸梅反走入荊棘叢中去要不可以廢改是

学人一得若何也。又曰：世間爲文師者，先要子弟之文疏暢，然後變繇。

便甚是要，拘泥拘執，便處處顧忌，少寬暇以待之，必有佳

曲達以況着痛快之妙，天下嘗有違戾而能好者乎？

二十八日 坐師出所撰考姚子晦命題

吾師巍巍，當代儒宗，闡述先德，眺猶唐虞，曰考纔五，孔孟徒弱冠

失怙悲勞，勉用資養，以以判俯背，窮巨萬，雖陶朱鄉猗輸

睦恢家國，視死如飴，楚之醴躬脩，不改甘旨，腴洋郡荊陘

艱刑于郡，郡之肆亂，靡厥荼機，紅蚤雅謀，鼎餬相夫，爭蓋

吾閩霈不幸夭，設將延狙到賢，一每天空呼天，悲君若夢

経乃蘇三劉叔父春回詒大孝貴指臨[illegible]軀寒詳常例
拘傷膚巾幗有則蓋箭鬚須臺垂巨豎超娥眉況復姿
俸夫與諸葛師文章歐陽俱會袁瀧石鎬頑愚顧羞
以補羞丢墓賜類薜海孫兒孫

二十九日

三十日　校中停課左修樓並教件入齋

挽楚丈丈首夫子凝东逸軒軒雜物論篤丈垂四代閑學遺
諸孫奕繪乾嘉盛佳知道諸詞空餘上池水佳侍付龍
門一角江淮陽源鐃百度園侍回殘雪梓旋趁歸來

岱嶽碑留作冢　匡廬硯劉田舍齋拾來贈　玉如心契叢　廬山石硯皆

攜文贈物　不必覺謂渺然

十二月小建乙丑　初六日小寒　廿一日大寒

初一日辛未。泰州徐天珏以七十述懷詩屬和

耄學爭傳識術篇（詩述其先人有識綢集十二卷）綢書端不愧前賢

護經伏案又逃秦，叔美嘉郵鄉入漢年，壁上論心風月好，鏡

中歲紅鬢雪千和婿遠，和誤角垂多限，都在先生杜廢宜遵

緣業詞場負盛名，晚來吟律信堅明，驛聲列有千秋在

脫手真遊百鍊精，柔詩陳叢相掾屬（仕居隱居不）辭堪使

任其生平頭折去，猶風埜騷鄉境在揚州，賴主盟

海陵小築傲煙霞，門外常停問字車，百業亭前菜根鴻雞

鄉村印刷煙詭經嘗會單有書為祿料哥下張若若花以后

二月二日生 洗塵庭階滿蘭玉，茁石鍾鍇系聲華。瑑三子皆幼，瑩有名

毓生淮楚若飢驅，學殖叢莫失不治，白陰已踰歷八傳稿黄

圃散乞在山芝，料書空孤抱芸閣，森味道卿，循桂下雖珍

金雨風端脈，言百齡衛武更編詩

初二日 復仲泉書

初三日 家譜十二世祖澤民公諱惠，景泰癸酉舉人，天順

丁丑進士，任浙江嘉興府知府，徵艾豪暴，變化風俗

誅人皆畏之，遂立生祠，堅贊何公嘉興人，乞三代撿府

志
初四日 過蔡子丙卷
初九日 試中學脩身經學
初十日 試中學文學 小學脩身
十一日 校閱課卷 中學 沈佑郢周鎮沂朱英龍孫古
朱瀛季方陸俊生四篇 小學袁長乙臨馮諸援周周方
四篇
十六日 王夫瀛補讀諸文序
十二日 年假

十四日　昨頌齋刻出信補注欽相作師碑

十五日　勸業會錄罕頌齋於錢觀禮器

過三之齋詩

十六日　在寓臨書　葉譽虎自京請歸

十七日　過蘅峯

十八日　過頌齋

十九日　刻出信補注馬瑞辰序云　柏舟為衛宣夫人詩　然不若為

傷夫有惡疾　此讀為家室　既老任於家　世以此詩為夫

不備禮　此不宜往　強嫁之　為詩　稱夫人　不能與衛為國　援鴻

陽為秦太子營造晉文公引第為公劉詩皆與韓詩合不然概指為魯詩也 又云王吉受仰學士雅劉向嘗治韓詩

二十日 母親壽辰 范朱三十歲生

二十一日 嵩陽明公弟子錢之十六篇口看四書勸學問正月以悵之後萬倫記體後鄉 故君子遠小人作禮之以辨義利密語誤 出節 佺儆驕惰誠者得擴才誤談經濟

二十二日 未在君者讀左傳詩歸識受書讀論讀詩

爰其十首

二十三日　未見還辰吳家卷

二十四日　訪祿汝田寫鴉古柳一幅乾隆乙酉作

二十五日　昔月三日吾過我

二十六日　日報述蘭禮主論世學派橫流失此砥柱四

念晴首縈懷不勝

二十七日　過窳室　風雨

二十八日　訪崔世本醒武記府泰覺嵌語之

二十九日

魯學齋日記

辛亥

宣統三年

正月大建庚寅　初七日立春　二十二日雨水

初一日庚子　子正一刻雷雨　晝晴

弟子箴言勤學問篇云家大人與蓮源同入縣學同星從密林先生贈詩云驊騮開道騎千里檜柏參天桂一枝蓋備絕篇云嘉慶甲子元旦大人教蓮源曰父母有子屢屢如少生兄弟一人父母分財屢屢如多生兄弟一人此吾今日之論也為節儉篇云孝子事親不敢以非禮居其身不敢以濫用虧其養

初二日　元和徐承慶說文解字注匡謬多本錢辛楣說曰能法專

孫之而不知闕疑而治舊學者所不可不審也

初三日　施愚山學餘文集七卷　皆明史傳稿　葉承緒疏錄京已證

權重予嘗采入郡志　閱之臨讀予之宜曰惟儉菴庵惟儉之菴

惠之所為蓋取而殊與人者儉故也

初四日　過寐叟　飯以列女傳補注

初五日　彊邨遯齋兩丈精舍午飯

初六日　星南訒齋過我

初七日　致石似移書

梅根山房文集　殺豈宗墨秋湖志序　當康熙時之節孝宗

為理學者進取之士專守時好以講說儒先語錄之書為天下之至要而士氣今流俗陋之詞不根視經傳如異物有志之士慨然思復之義理考證之學遂判然不可復合今天下考證之風然者之言義理者又更護以詁之事以為多學而不國初學者固知之而不可易之觀能則當者時而談之考證者真考證也當今之世而談之義理者真義理也說而難十經齋文集序人以先生邃於經而工於文實守樸學之士然漢世經說經者莫如賈生董仲舒劉向揚雄而其文皆非後世說經之者所及而班固傳漢書也無文苑獨儒林而

已至范蔚宗後漢書始歧而二之而史之例遂沿而不可止不亦惑
哉然此紀傳為史者失也即世之文士亦牢固守其說而不能
自拔若以文章之道求而與通於經者此則學術之矣
信也嘗原而先生未嘗為之矣也劉楚楨詩序國初以詩
鳴者王漁洋施愚山皆不以攷證為學其所見為學者如閻
百詩惠定宇何義門雖學各有所長而詩非其所好焉之
者惟顧亭林朱竹垞而已亭林不以詩人自居竹垞於詩則
為工而務為富者其能其詩識變多而自得者少未逮
非其學為之累也嘗謂詩人不可以無學能為其為詩

也爲四言長句排空遊浩蕩凡名物象數羅々類々亦畢羅該
者意舉命宮其糟粕者如星列之々掌帶物其詩排々
贏々表而不爲其甲子雖緣而以爲詩以上三說排當所流
劉文章所降詩家母其所失々故皆提擬之無非云殺
來
初八日上往呈書奏送張楊園敍鄰界縣志敍序之州縣
之制●當無更非例今々擅依式省監司國大勢所趨
亦理應爾也
額上楊帖園記云管晴雲先生諱雲沛香文巢之祖也以副

[illegible]文 五二

楊官詹上蕭瑜性好古取蘭亭碑石藏卜姓者命其子手搨

之極多子名文郁字西京三見去年得顧亦一拓僅即

所謂官搨本歟

初九日吴為觸卿郵往廬州附去致石以移書並舊拓金

石叢穗畫之兩幅幅

初十日校俞之陶谷記亦韓子稱歐陽詹以志養謁在側而

甚歡無離憂不如其離憂而甚者樂則未知為其出者

甚何果因此於是與抑採其子之志而為日之言而不得者

與其於是知韓子之言未盡也去年石以移來札述健

當據設之云亦引韓說伯言此論可謂定讞我以

十一日 邃庵為我買石印四史頗便小箧持贈星南

十二日 報述王壬老重賦鹿鳴

十三日 精舍開樸學會

十四日 伯瑜過我論義塾

十五日 夜雨

十六日 用莫子偲送馮魯川之廬州韻贈星南弟訣蜀山

山色好向人青翠自年年驊騮有志同千里驚鴻無心

又一年古今樹朝寄般若在邊才葉喜爭鈞筆影以[illegible]

[illegible]

廣州、肥水二家 嶽憶鈞筆語稿子卷之 舊時偶訊君蔡語未忍離憂換都前

呈南嶽兩當軒詩以志別

二兄詩篇

十七日硯云詩集丙午六月十三山谷生日一首丁未六月二十一日歐公

生日一首己酉出都留題一首詩鐙集乙卯閏、屬讓生

侍郎以鄉舉遷錢志喜一首書可取證舊集

書示張生端甫云是時文派多獨契桐城師説鐙未彈叩

祕舒爾自錢甚言往理箱出徐、會長機讀書如養生筆

藤不自膊小藍似大官羊膳腆雜饤饌三史范已舒孫書

答華詞五代之簡明詞義獨愜之老莊荀管韓國策

逮楚之詞淮南呂覽春秋繁露說苑而倡披之經為穀梁此亦

文選自與晤不可一日無之使人發華藻蘊以莫如約採菁

卿自怡攄此則桐城之文其根據自六經以外國策史漢

五代史老莊荀管韓非呂覽之淮南也

十八日 說文多引左傳說其有不備傳文而其說解足以證

明左氏者蓋亦賈侍中相傳訓詁也輯錄其文為左傳

許義

九日 錄宗部玉王部

二十日 録是部至疋部

二十一日 録品部至又部

二十二日 録臤部至骨部

二十三日 録肉部至筋部

二十四日 中校行謁聖禮小学新增乙班合舊生凡三班約七十餘人

致石錫書家慈七十之辰不能兒輩為稱觴託舉皖北水災籌振孔亟減啓諸子皖校同孫無功田晨命減以負米之餘廣興隣之美義集成銀圓若干謹助皖振

二十五日　録貝部至邑部

二十六日　録日部至人部

二十七日　放舟游西溪

二十八日　録比部至山部

二十九日　録石部至水部

三十日　録川部至田部

三月吾赴蘇々屬々物色瓶水齋集

去年國民報號第卅二冊

沈生鵬陸師畢業授副軍校能摹々舊弟子也

二月小建辛卯　初七日驚蟄　廿二日春分

初一日庚午　錄說文力部、舟部、又部。凡所偏傍者，箋之右條，其不偏傍而足以證偏傍者，附之，而未已也。又取段氏、柳氏於文異者，皆有說，其不偏傍者，段間及之，柳則專說，引經例不取音讀也。

初二日　讀淮南子道應訓。通篇皆釋老子文，韓非解老而外，此為淵海之書。成王問政於尹佚，語中述管子、墨子，序誤甚之衛。舊校改「精生於義，義生於衆適，衆適合於人心」，今之惡之說

初三日 校賈子，錄俞師平議、孫氏札迻，過秦至益壤。

初四日 校權重至鑄錢。

初五日 校傅職至君道。

初六日 校官人至禮容語下。

初七日 校胎教至立後義。道術篇說品善之體與說經詁館鏡與墨子經上下同，其云反某為某，即出於左氏之反正為乏。漢書儒林傳謂為左氏傳訓故，篇中如反程為稱可證，劉圖孫小疋道為稱可證辭於下道之類顯說左氏者極多。後漢書賈逵傳逵為誼九世孫，稱文錄

餘稱達作左氏訓詁傳云解訓詁之名始於周禮舊稱與
初八日 得星甫書云館中一切俱適
初九日 得石如靜孫書並所撰詩文
初十日 寄星甫及石如靜孫書
十一日 錄左傳噬臍風馬牛兩文就正孫燮
過書肆以徐孫書購吟餘閑草聽啼鳥甚樂推
窻看菊花爲樂極美〻
十二日 馬蓋公因醫城來云醫者服臣備好月爲我購
一通也

十三日 星所有書貽泰兒 泰兒為詩韜云云 滬海橫流圜古
巖蜀山飛水深般石柜纍知繹帳侍話白不甚君蔡邛李
鑄書中述李生下處閩朗也
十四日 遠日風雨 二兒留滯揚州 母親說有子屬占歸期
當為十六日 蓋有从又月 於日則為明 合之為又明日也
十五日 補錄洪頤煊讀書叢錄覃子說
十六日 二兒到家 校中翻字課程
十七日 覃子丘文為[illegible]、[illegible]當為[illegible]，又文訓手相交，[illegible]訓[illegible]相
斷其就形二體為歷云

十八日　讀莊述祖鐃歌句解　戰城南　朝行出攻暮不夜歸

莊讀暮為莫，莫各反，語末之詞。師者無不定而歸也。按

暮歸字本張子暮不夜歸，言暮歸而不至夜也。遂

歸字稱下，以為韻可，且序文詩意不皆韻，朱駿聲

思互匡也。翁離思哭也。巫山高閔困也。聖人出思太平也。思悲翁

傷功臣也。雉子班戒貪祿也。戰城南思良將師也。艾如張戒狂

田獵也。將（飲）進酒戒飲酒無度也。臨高臺諫亂也。君馬黃

諫亂也。芳樹諫時也。有所思諫時也。上邪諫不信也。上之回

紀巡狩也。上陵紀福應也。遠如期紀呼韓邪單于來朝也。石

留有王考[illegible]失傳諸不可復解不録凡十七曲

十九日

二十日　左氏疏有二首六身史趙蓋舉畢星之次言之襄公三十年杜注云畢在娵訾娵訾者亥也按今圖娵訾二畫為首六畫為身在之亥字推印誤娵訾為之也說文解字亥字引多義推亥下引傳此文疏亦存其義與　疏有可異處說引左氏文語曆家二萬六千六百以十一除之三百六[illegible]

二十一日　玉燭金和渾然元氣禮耕義種自有豐年能

廣庵書聯五弟[illegible]之

二十二日 讀蔣省三同年指掌 凡百餘篇 專原本國情因勢達

處厚生自强 六餘篇皆總論也

二十三日 中校擬定課表並籌開辦師範事宜

二十四日 壽齋六十

二十五日

二十六日

二十七日 中校及師範校開課

二十八日 中校本科生二十餘人 師範甲乙生約四十餘人

二十九日

三月大建壬辰　初八日清明　二十三日穀雨

初一日己亥　編周禮賈疏輯要　賈以鄭為主　而賈仲師舊說多所依用　康成自下己意　不皆破之也

陳蘭甫補汪容甫周官徵文　凡四條　皆精核　然以為非周公作　豫為後王作　則仍不如注說之為得也

初十日　試中校經學　秦君說詩而捨鄭　鄭箋宗仲孫之禮　而敢囂囂議薄經師　經師關於人國如是

十三日　試師範經學

十七日　試中校文學　東方朔　十八　學詩書　十九　學孫吳兵

晤論錢恩錫陸修生最

二十日 試師范文学尊文正公我之書院記書信張翔之云

王世英学德單最

二十一日 夜夢窺變冠船過我論近子不省十隣旋盡

地而化覺耳猶繫悸

孫師以理業而姿以業屬翳變生呼枝雜卿詭尼之

辰未亦可衷安於而常見王會君群者齋唱如冠其

二十四日 窺變以中風卒嗟嘆前夕之夢非其魂氣

已離形質与繼鄉硯部零屢遂來揖已易

差前歲時猶爲泰興書局繆生汪生書聯

從容講論，非平常也。

二十五日 攜述經、挽霖室、生叟媿君等一流，晴夜甫過

元伯寮學里茲萬陽平壺德星堂勤仲之銘

二十六日 陳西生小巡陵館文集，浙江活字版印本凡三十八冊

寄以朱蒙君蓉君至敘，東五卷分點也。曰蔡氏注疏劃

自黄陽子高東閣，共被擁曲園新編之所著者鐙錄

之所著閱，並敘西生生平學也。曰擷敍擇之家不由

私財以歸嗣人之隆紀，每老而至，並敘西生每事也。曰趙蘇

五四三又五二

杜牧閣下有上書之光異彼馬讓河洛者能文之息壬錄卷廿卷之表也曰吾所在對誰之太史之墳墓草卷有些感人之筆歸子緣情閣雜中節

三十日 顧古堂尺牘凡三集曰尺牘新鈔曰藏弆集曰結鄰集亦於閣札之大觀也湘綺樓尺牘清麗可愛

結鄰集卷十五張總字雨郇汪舟次人与樊榭先生云昨閱刻板未付裝訂為之駭愕樊榭按樊人之書者其名之未閱自擬之書者也能先集樊人之書而人之書能傳

先生焚已之書而書之當更傳之向得觀於江甯

皆已爲郝老人欲錄其中之人與

陔公曉東必爲中學堂助教

[illegible]文五二

四月小 建癸巳 初九日立夏 二十四日小滿

初一日乙巳 得舊拓太學石鼓附高宗御題蘭亭摹編合
完泐字凡五百二十 此本較多二十九字
石室今年亦以石鼓文墨針鈎韵題字
石亦將古真吾師千禩上邇臣以搨辭此本既獲天橋木
奇下乃高看徽書勾眉石室以子千壽一日魯勝之渥食
綠廬遣遂使學者雅形聲讀倒空首鼓栻鄙
往之述書兒孟堂釋字葛鄭甲賀駕說客漢田
已私得來懲以歷書柱頤蚓思部臣理叢之要以

因父授夏袁夫楊王述丕子毗中興更睹周宣時辟雍

借奉車攻詩

蘭宮五十疊神錫韻

樸公經師兼人師善我不以道壤雍鄉只乃士職空

異哉諸季子甲科推白眉蕩游得着風中絲繼

嗟百粵閱九疑晚更涉江尋彤施隅會孤點鼎

嗟群兒有實獨進為飛詞文彩健安今失學將至

私惟阮性頗于意頤楊獨麗慚羞自之自蔑所視

無米鹽奏直贊地并釋陰陽毗窮言術芳來崇言

時窗稿誦述而彭祖詩

二十六日 奉光翠子母親喜見曾孫命曰金保

二十八日 致石窗書 蘭窗徵歸

二十九日 二兄惠我蘇硯一方 洗視之銘是歙石也年方

手所獲端之縠可謂雙美

繇甫中丞以皖撫爲巫母奏請坊旌 二十五日奉 硃批允

刂

汪堯峰蘇硯齋記 宋人李青牖以古端硯一枚命子

無殊之所寶形如之蘇遂以之名硯顏其齋 無殊曰此硯

相治荷宗李物閣廿四百栽書

為蓉庭[illegible]丈子安先生八十屬為壽言寄呈壽詩編韻

翁年既是城來冠東館至謂江夏師（先后庚辰黃侍郎樸試，識海群先生為五十第一）

城今隱豐（公羽）耄學以言屬城，城敍雜當時會豐冠

江左一去詩群說手地奇（俗子所知已孝郎說，邵試隱攬識也）奇子李手刊

綠摩里閣（文口）稱（石瑞）眉柜（磨心）耻默荊（下）撲濛煮窰段

機中綠楊雲述（色）著譜牒季（食山瓜）道茂又屯籍真長

不拔原鄉德孝友有政宣（底）施躬積（力）宗厚流遠廣（縣）

達四叢生佳兒孫，承乎試特英絕，黃山芋錄青蓮詞（彥陵）

拟饮梅轩醒学
画以学醉
古閔年樾蓍新志蔬坪呈更言吾私心來
甚歸去閩水閩膳曾領至閩頭老松俯蔭芝仰秀
喧岳右鎮江東之後而離愿寄之所話富貴碌碌晴青
袁平生才匡嫖層來祖不劉越方年毗儕於魯殿
盛飛企鳳雲飛蓋屢多春華時有鷃吾祝翁覽標識請
從游屢評詩

[illegible]之 五三

五月小建甲午　十一日芒種　二十六日夏至

初一日丁卯

試中校文學舜歌南風說鍾恩錫魏鴻官陸俊生最

蘭崖自廬州歸寄來訪渠書聯

六月大建乙未　十三日小暑廿九日大暑

初一日丁卯

試中校文學胡安定經義治事分齋論鍾恩錫陸俊生魏鴻宦最

試師範校文學漢書藝文志諸子九家始儒終農說張翔齊楊昌勇最

試中校經學諸國先農壇說令國成忌之說鄧黃軍道考羅繹鐸道考鍾毅陸最

試師範校經學九兩別師儒說九職首農圖說徐漢最

[illegible] 五二

篠生新田之生之玄孫也

試解說校勘雜經學六計上廣說六功經戰說錢之善董

景曾最

初六日放假

溫周禮天官地官注疏凡十六卷為周禮重民攷

閏六月小　十五日立秋

初一日丁酉

温周禮春官注疏卷十七至二十七

温夏官注疏卷廿八至卅三

温秋官注疏卷卅四至卅八

温冬官考工記注疏卷卅九至四十二

十六日　二兄二嫂二姊偕叔齋叢漸侄二嫂中詣華祖二廟求

方，以酒度嚼歸，蘇齋服之，至夜遂得安卧。振西處

蘇齋復名刻，又題潘蕃齋摹記，岩石碑拓鞀神

毓楨若河面麥鞠供窮嚴卜儀通姜母札蒼二府說

湖甥蘋藻謹薦鄉思寧青趙家舍

二十八日　雨校閱學則禮

藺隺搢卿往廬州

七月小建丙申　初一日處暑　十七日白露

初一日丙寅

蘅皋六十以閩刻周易一卷為壽因疊神韻韻

宣尼易學晚最喜商瞿以下遞承師閩成刻本咸第一

龍廬六十徵文辭自龍玉優蘅公從勢力子雲倍持嬗稽詩文

早年艸玄眉已額霞顏饒酒乃佳瓶居智眉止君遁若鏞

少讀懸壺後顯濁解日欽孫愛然能進德但復多

何惕善幽何樣善易不易古所貴度越京孟梁丘

施讎徵訪碻志自曲繰波凡棹戰語兕風雲猶帶

綠帳中趣月雲移獨賞蔡花閒詞　蘭陵美言推祭酒用契遜

壽天寧私養蒼醮合證未必鼎湖儀元音演山霜頤賤老足記

備識擢析餘象敢說俵通之今蘇諸翁漢書玄起實

親友解參明東護往後原定第子湖為遂熱奔參明曰

龍吴首席吴尾妙義欲當作惟吾時年耆耳順遺

孔性讀續魯論瓶水詩　瓶水齋集舒鐵雲君擇錢塘擇詩六十首

而五日狂師避老舒老集精舍祀鄭君

讀惠士奇易說禮說春秋說

蘇皖浙湘鄂小笑

二十六日、中校開課
二十四日 穡夫娠生一男名曰青保
遯老往鎮郡
二十九日 二兄眠食漸已復常

八月大建丁酉

初一日乙未　師范校閱課

得壽星硯。壬寅母親六十晉一，以遐年硯，今歲七十，又得斯硯，天賜優遊靡有涯量。硯背全是款，石長圓四寸，近池處篆「壽星見」三字，周圍以星兩兩相從，凡八十餘。《宋兩朝天文志》所謂老人星、壽子孫星者是也。硯背鐫壽星形，左扶鳩杖，右握蟠桃，上刻銘云：老人星在弧南，形如滿月，一曰南極壽星，常以秋分之旦見於丙，春分之夕見於丁，見則人君壽昌，嬰之進用天下安寧泰光。以凌次仲《校禮堂集》證

己酉丁八五二

之知君以作壽母硯益用慶喜

校讀書集卷十三壽星硯銘云角亢之次是名壽星龍

尾四寸良工鐫形或云老人東井之側子孫衆多輝映

南極騰者伊誰瑤甫沈君裴公匯視之上有慶雲我持

此硯歸遺老母文字吉祥以介眉壽

壽星即南極老人星其說始見於史記封禪書司馬貞索

隱案以來謂周之安欲適老家語老之壽星見與老人

星見至治而於老人星亦壽星也人君壽昌之語通

老者之文蓋亦星名語也

初三日師範乙班生陸模左傳自僖公起以經文之事皆在
僖篇甲班生下學期周禮當畢業
汪中先生年譜二十五葉交揚州同時者黄文暘李惇程枚
蔚以為張楷湯作鏡查達佩朱筠羅聘李斗張宗泰
仇鮒陳淑朱焜柳蓁蒼周鴻葉永福林李汪錫維周華
方元鹿趙分汪文錦陶鑑應椿李瀲金蘭寶周芑黄
達垣孫模錢清唐玉佳嘉蘇蔚青史庭暉吳肇基褚
郝蓁王瀲葉光祖葉璧姜應馨惠承緒宗道希李統
筠達儀金培朱彬陸玉年潘源潘渭胡謙朱吳白華

劉濤吳魯汪端光謝溶生葉〻錫諧端方世隆汪壎汪桂金
忠圻汪畫朱彝桂金兆燕金璉金應驗江沂沆林道源鄔佛
保郎兆蓉張錫寧孫歲錢升元黃易廖恆英錢東王梓香
陽惟豫陳〻邁陳治陳夢桂沈國棟周夢旦沈錦春葉文
蘇壽錢王光祖王忠錄王嘉年沈錦林陽〻永清劉文清
徐日春畢附阮宮保李應壽子試誦英遂父二十七畢英京部
郁番溎錦〻椿王完孫周永年吳錫麒書畫葉觀國周厚轅
龍〻鏞鴻舒皆孫山琨錢蓉李曾輝顧鈺顧翀學孫星衍
宋葆淳胡壽崇嘉植羅聘張秉鈞張祖翼趙九鼎任大椿

吳程昆發吳郎張塤舒楊泉常緯金德潛程晉芳洪朴

洪榜朱文翰鄭曦江漣程昌頤吳晉程敦程世勳洪亮吉

閔程寀黃綱吳事二十八人筆者揚州汪容甫先生得於臨

手書一十六人姓名曰錢大昕塘坫王念孫李賡芸汪萊江

藩孫星衍莊述祖程瑤田金榜劉台拱李惇邵晉涵孔

廣森盧文弨此皆海內通人存者今十有七矣

吉均日記

（一九一〇—一九一一年）

吉均　著

斯 吾师寄来该 杨子性质胡谢作

对 吕先生寄来该 樵用一年谢作

别 灰四月 大包 安四月 川土卄 小千 廿包 芽 又廿四月

宣统二年三月廿四日 [印]

西风阴晦雨东风　午后一点雨后阴雨　潘淮射 吕薇臣寄来到瑞安 永嘉戴姓平

袁芷湘中饭 五点半 饭后潘只雇民船回校　话其帝去日之行

徐竹臣送来之做竹天棚之纸 每张计价洋五角半付

致刘省诸安年内端午搬下 严缘钱王胡等股

寄西园信与高伯诚兄　说其催收五月首叙龙会费

昨日刘寄夫送来古磁 花色盒一只

午后李八送来袖栗镂扛两根要卖　伊已还送伊 买下五彩大盘一个价洋

嘱汪莲侯买香烟等备共用

汪公由通州来信 二日即回

卖书汤牲经甲雅嘱说代买书籍

买旧布裤一条一元五 着海文送给广臣

氣候以今晚日大冷時近夏至尚可衣裘衣不留反常

诚注润之访 粟祥宽内情 因元和今日请酒吕

丁未表叔午回来洪姓学生二郎 着丁心如来问棒费

到局 胡老携回课本 搬送川资炕 给家介王大午父

如兄来局饭后回家 送家旧鞋箱一只

前日徽兵员 许先佑号安卿甘德人 郭阳号轩语丹阳人 来拜未值 廿二回候亦未晤

灯后王楚老来谈 晴

十点赴輪园广澄子受谈至一点归

廿五 辰降微雨 东北风

十时一点到局 丁心如偕洪生进局 世波年表 洪生父名敬铭字少青丹徒子浦等

四日　丁禾老偕女来谈，禾自江南归，颇(?)致(?)珂(?)罗(?)新所(?)

画(?)の方(?)並言前次铸业因用宗(?)喜(?)案为了保商会所(?)

亦各为最合格　汉生保任(?)禾老之实以进(?)幽(?)

季(?)以来言稽(?)水灾，先付洋三元，宗(?)小杠(?)来再找(?)

灯刻表甚(?)北(?)来谈，晚(?)何(?)以回去

堂(?)之来谈，前十二点告知目下事，答以及市情

晚(?)少雯之孙(?)谓不卸(?)至昨降

下午新回，商(?)颇(?)馁(?)何(?)宝(?)　牙痛　裁缝送寄(?)秋(?)咸(?)衣(?)衫(?)来

如兄午时来，旋回

廿六　晨西南风，暖，小晴　一点到局　橘(?)杠(?)万(?)玑(?)大连(?)下(?)句

直(?)湖(?)宗(?)陈(?)马又[illegible]家来　如兄来饭即回

薛苕甫自嘉兴来函道谢并云收到北洋义行存钱庄

宏号东家五股子有序平两五两

通州顺康号东家徽范纺布东马根庵今年于号子已入虞阿宏

又闻兴宏徽吴兼芬东家沈敬之今年当姜灶港人

吕葆臣午后来谈 朱子臻午后过我灯刻去 西吾来谈

灯刻张子受谈生有萝楼畜业推 候伊等定日大聚

晚饭后刘寿丈纪先来谈至十点归

晨 立夏 东南风 早晴 后阴 夜至三更微雨 福尔尚未念金刚

今午来 每来未变外饮不甘馋

一点西局 王耀 吕调少安来谈

午后刘寿丈刘端甫 徐子翁余焕如来谈 下午点散

下午四点楚城宇翁暑友朱樸翁来谈 楚城因家民
素不睦妻子入闹至城程学圣三房受侮李姓童
宅被毁 昨日闹起至今未散
戌正亥初地震所次日时报 刘斋丈过来面谈
云六至封家西南方不安须过四五月方可安静
且谈潘维新业楚之因亮且今未回回行甚不放心
明日搬往少云之住楚一探
十点回寓 睡 入夜四点大雨 清晨夜四点时天色大变满天红色但而后复布黑云而雨
晚膳四菜酒膳供 祖考芝林公
廿 半阴 东风 未雨 祖考去年三十周年因在肩育多未做 今特补
祀请三宝殿六和尚念经一天 来客祝局全到 姚芳翁及

徐少甫之姚文之注、蔡侯、东宅勿看都到

午后访少甫之出巷带去正二月画稿

东方贝人送来礼帖 纪念一年 徐少甫姚荣甫姚文之写送件收一半

春和日人皆来相祝贺 一对大蜡烛 灯笼陈士王汪丁禾华

来拜

先生来访 暖晴 一点到局 家中牡丹大放 折两支带回用膳

甜鲜送到局 雪甚大 谈完 泷本志来局

少云午后来取去振经 少云来由浮口提来水烟袋

桑植甫来谈 并至洪会馆一观 灯前去 吕翰甫来谈交易 明日到北三年

又之来 晚风回 家洪生初报丹 孙某送来袁殿甫行

与徐少之大谈其事 明日记谢姚荣甫说黄学生事

李八来付锡扣上本是丢完汗 劳何以分拆所既

陈子兰送来文徵明船堂篆山 録其詩

何处避秦桃花源 去津山中日月流水物外有

长夏诵抄録通梓雪深不见人间天草不尽载

有遊季茂 徵明

四月初一 南风

自夜四点大雨大雷 后至午后止 午后云开见日东

师向来人云小秧已黄 麦子场大烟地晚甚切

一点到局 如以随来馆所即返

陈子兰送来之 徵明字票已要下 伪字员

要超表臣撰言去留晓

約廿天可有

顷施少甫过郑彦 認觉宗欠 先四吊 明月可还

發稽亟祖名到店晚 姚蓉翁 姚文之 通政道 赴代朱亭翁
薦人以及翁蔣五友 丁叔先生病重
初二 大晴 東南風 煖
汪西 陳乃由海西回 女兒一點至局 彩仁 牡丹折一支出局
大通 董仲翁 湯遠管 陸翁 南京 黄炳翁 冬來函一束
言南諸根恩紧 多千文 鐵民 閉臥
孫女早回西耳 午後偕女兒至東千三昧寺一游
王翁晚來 報丹軒字 胡從孫保 黄、雲龍 訛硯翁帯
封寄為周丁仲老函 敬盒 又寄函 沈何海味兩件 吕厚翁三百元函 炳老一函 來魯一函
與少雲鶴談至一點 餘回

廿四 陰晦未雨，日光罕現，悶暖。夜十点小雨

一点至子受處談，適乃乾、徐韜夫由寧波來，子恺見之，別。兩点到局。鄭耀先由奉化來。如兄到局同往訪王福慶看托球。三点送施少之赴輪，並看

四点王贊南來代陳孖丞云弟並言圖記事。已應之，辭。於手米云伯送我

五点偕如兄至福康賀開市之喜，並訪殷君子談

笙兄至。六点回局。子受兄來談，擬叙用羣孝子恺事

再後叟收集一篇。子兄晚飯如故。袁飛邨由安平看

乃留痛回去局晚飯。十二点就寢。局中天井出墻壁

寄啟直子正南工

天氣悶躁，鐵房地板上見大蛇一尾，余生平少遇，因尔怪去

杨君韡送来翡翠镯一只四果磁盘一个 陈子蘭

来代汤老归及育时代缘结之事

阅杨局经理副理皆换 新任是浙人沙姓

晋 辰正后大雨终日 一点出局 晚十二点归回

鄙只留送笔如道进局 如兄入学即在局御洪生教字

只留饭后散谈半难了 刘纪文来谈 拟送纪文对屏 杨

石林来贺古董纪文拣了廿块御折 余上拣三块小的 纪文森

晚饭后散 自己回屋 大生股票许实取 高锡蕃醉归

吴陈来铺定上仙米赈 伊等 由局拨米四石至家 四旧饭米

甄 东风 大晴 凉爽 日光大亚

一点到局　如芸自来　朱少先生　朱子先生　察指南

来会　吕韩为神挤探来交孙敬为手　何天生

三日　因四病　十点回房

四日　午前临午以雨乐此风　图知二报

一点偕如芝到局　工人拆墙　午后烦极　如趋青　拟出叶学堂矫

早间侨罢来未值　晚王曼留来谈　青云田了了　同如兄十点回

风景最是吹花落地雪满眉流月菊天人生迷际竟

如斯世可亿亿但偶然　简高些待

雨　阴晦

一点到局　刘芦隐留陈彦安片拜　片回侯　孟青　刘纪文

来谈 拟用钞得寿卿之文 如此饭后来 隆官货内取
出竹布四米交糟小布家 八尺八寸 姚蒂来便 去讫
用款 钞百千 陆钝一年分 十二点回 商盛合洪泽班 工作
贾晴媛 借如光一点到局
午后吕瀚百来谈 杨馔青款一年分 林门千东钞 将来转线 午后
借如光去 杨芷眠百宅看花 道芷家 请沈宋办精 以陪如
光去 唐安小生 子受王宫等 道遇畅谈 李八家送来
碟器 奉件 又注同 武帝像 羊墨段如
回局时陇学店 看定 道光年名大碟碗五个 白地蓝花 每个
又看定 鸡油黄花瓷碗一只 有黄字 御旺 十二点回
在后 奎爲借如光买扇一把 价三文 计十二张修史

霓晴　四学电学生旅行至西湖

二点出局　如兄来　丁锴余の生昨午大去　今日余时入

总往局　接施少岂作假字函两件　姚蔼南来

偕振言代取朱贵斋手年柳佩子　四点吴蔼卿

来接锁彼往上海及南京三五日行　谈王晋来信

十二点回　朱彦未及

許　晦　雨满　一点至局　王晋卿送我振诗集题目　发

如兄来谈字　施少来　杨石麟来　李八来取下画像壶一只

仍有白磁杯及说出我言像三件共送德福来山

吕韩南来谈计取与字对一本起计记及半

甚局抄来画会文件收南局公文两件

锦丁昌元送我磨画石一块（傍缅川文之） 又送来芦云宝戒一只

笛陇日来吧 王秀南晚来拆字 三秀南风往上海

土 晴 微雨一阵 西北风

早李六家来 赠砚台一 帝尺像一 建窑杯一 古砚章一 四件

取僮（浑元全仟文） 杨石谯送看 潘里牧岸画电

送汪点登山编书 歌所理书方元画送售 施女来问 印花税句

刘纪文来谈 吕福南来订听欣 外叙非子马

午后偕夫人至樊植南处 订出衣服 晚回

少庭兄来谈至一点 施女之信由肩来云帮勤身往谭

晤叔登孝经径 写赖筆送

十二 晴 西风 看阳王片因候高仲华

一点到局 包丹文自粤来信 拟发我已就大法委了

二点吕调甫来谈 恒派了作一年八讲

去思去汤尔和处 晚由上海回希来去酒商求一瓶 借 大法法规辑

约寿一帘剧有少许 攻学社 羡寿局 伸杞 又四弟书一部 借 英语文法手

武帝像 求黄福庠题自叙去装裱 二元未工竹 十日成功

刘纪南来谈 国利局了 十二点由西也回

十三 晴 西南风 晒皮衣

一点到局 午刻 约徐韶文 薛笙商 徐西黄大 刘纪文 子发卯

中饭 八块四安色皮 作竹林游 黄华平商来到 晚间中央

凤池 新龙 刘石颐笛 薛到了 未 伴来见

吴辅香偕吴宗藩兄来拜 再拜陆牵兄 去东升栈

赵庐局幽君西询铁款 并可作一寿联 要都四时

十点回 陈士凤督察公益长来拜

十四 小满 晴 西风 西北方见大星白色有尾 昨月之借女儿仰观

汪明一点由正阳回带去洋货御售收洲 可买项链

一点到局 如见回来 楚城来行进出降洲 十五可点回营论

曾氏进寿三年 纸联三叠存名

午后 秋月西所回候 刘君蔼来谈 又回候吴宝甫未遇

杨君新经理 沙赤卿来 仍搭后

汪润甫来谈 昨日晴少雨 得范石先生家信 张雨来 存局

晚 高伯之由西园来报母来 要我代寄 一幅票两包

刘化失踪未得 西土坪 往綏廬 皆还花房帶 晚十二点同如兄回

十五 晴 西南风 正電英至

午后 傳如兄出局 王藹翁 陳学嵩翁同来談 去此一年

子相翁 如張香翁談叔 陆匡叢 三户諸君

四点具東道 刘秀翁 胡仰翁 李吉翁 嚴陽翁 黃梧翁 同晚

酒肆 同回名 昭名請 張翁 說廖

刘化丈来 請正主点 老堪地 諸節段可叙

沈魁地娶 撒送 把镜一面 葉杯二 洋布二 抄扇一 如兄先肥

一点回

十六 晴 西南风 昨夜回时風寒 頭痛甚 心有寒熱

介卿老伯 新款遇嫁袁 明日需完遇商雷合

灯前日如光照局 九点请 新款隆生金到

商賀士振 院同賴痛稍止

刻沈士送来錢英八仙屏幅 黄吾長如絹本已全

新氣歸大吉慶 帖

李福祥送来 八大山人壽星一 祝南山圖一 黄吾皆真跡 惟乘涓

損反破不堪 存局再切去留 李人家借去壹之許 不莫

又送来王石谷大絲絹一幅 有損 祝允明手卷一 不真退

高錫蕃云 王晉卿陳手語息可作正本

支函二十罗子家婴姚来到局视乃 廿晓到局语四

世晴两甫舰机 阅报函十四 胃逊函祇报送乃 钱恂刘公着

一函到局 恒明原送到存与房 太岁童李曼送来

香翠尺高鹅一付仍交

满法六会刘学部谈定程格式

王鲁卿过其手谨 今晚同至子

商伯兄回南国图施达理 定冬贺

姚芷芳来谈并请保 初六日阳历五月

楚局斋来保学士志弟 席仁复代仲元顿首

又兄来局 叔宇

厚生地产公司又来信请在股东会会议五月二十日在勤园

刘伯史来言萧姓地亩不肯出手

汪四（淑卿）先生之子（第三子兴隐在研究收藏拓图字业）与谈业及汪三先生之情，镌（作文在墓，拾同人来之前）后来会当做

廿晴 西南风暖 李韵祥送来锡壶一乘御览

灯下写局 喉痛 随回房睡了

廿三 晴阴暖 晨暮雨一阵 喉痛稍止

上午到局 兆之来送字 刘伯石来谈 少侯又来谈胃病

有刘（刘）锡云醇携犹孙伊到安徽往南视勤业会

杨芳老病

故人宋敦甫之来候伊现在安丰同源种席局总司事

翔麐寄奉長詩揭少莉為卜歲餘言服丸借閱
京時報新歷言幣制新法　度支部擬奏
詳歷談　肯甫文進了　晚閱丁丙老記從鄭壽銘
胡竹南由鮑家墩來　伊壽全懷州盧國之
廿日　晴　西風涼
是日偕西邨到局　王晉卿由安丰來談及同志可以青年
分學　肅翁又与若乎叙數年時話　四方出居晚代到新
翻印送信陳存目局中　有函來借　李小米長庚來借
翰臣設研閱及蓋慣壽星御來歡
為局友王松甫東瀉頭人　今日歸來往送

汪六拿来菜脯许多

廿晴 风暖 午饭后李潞刘君来送行 西南风 午后

偕君同游西湖 回家见月出 灯刻回局 李翁

立梅借去洋千 谢理道

大哥借の呢往南京 花四稿函寿甥

郑君来信 言只说嘱还办法

阅二十报 李福田来 白缩回及今海事宁

湖商来 游士出象山一幅 乐不真

去近见此回函 汪六明日回去告知一星期

未复先行致郑信笺

食少益佳處又盡川

廿六晴西南風燥

午後剃頭 日本龍如見至三昧寺同居送到居頤 趙孝華

唐送来春成潑墨字条山春王府臨 又送来寫夢佩中堂秋柳

雞鴨一隻 孝伯燒 送伊燒雞賀 李老雯送来馬杌一隻

朱伯卿来談 甚三句鐘 家陽居浸派六子手田坡与對聯

鄭孫對了 米後出弟下山追 拾禾糧了上

廿七晴西南風暖 送唐此元記文

一點剃頭 李福田送来樊石方画墨一幅 華石一

調向未電進之訪滬須覆電由東轉
夢石來信言需滬先補函來
黃炳翁青藜六十壽擬送壽禮
又兒子收到否
黃海深
一函收到　茅樹人之由南來談已就此間幕席臨海羅
潔洋數四个月還已許　擒友小濤託滬黃宏伯豈忍一併
洋洋　徐少垂之自安年來　王寄廬　楊君子因晚飯
晚候　丁木老看阿瑤板即徐青藤田畫甚高妙是神
湖報館印售者　江潤之來談花石詰刑——

前日借来范三太爷古琴 作留玩 今为宝送还

廿七 晴 凉 今日先考忌辰

一点到局 午饭后过西厢 晤朱主席一谈 留下东北

印记一方 面托孟芳代送 杨老寿礼 又希望能之

胼之手揭为定例 华局王松之日揭 少堂之上

廿八 揭 会主席

李粹曾 托借判官用 电话借孙泰 前存白标信纸

又只今细具二只 并八只 俱佩 欣

黄楼人 亲来取去 洋票欠 留下 契 每一 楼之间

日往甫

刻化大佳日未晚 振作正为郎出申往居西湖也

境田多地生毛 灯刻夜出写以楼大

维生之笔来莲渡寿雅禄豪 横幅为作忆最远

师笔可定 湘局来电话得进至送去

汪六本月廿七陈姓娘归经安丰

寿楼留言南日 周子剑有德文同刻佩玉一方 所英

十一日 晴 雨

上点到局 徐寰搬眼日回家 画像该时孔未了 之目只欢谈 不定

别处至楼印签 四兄 贺五十寿 晚间由长谈罢 四兄送菜

徐子爱之来会谈　吕翰卿送来各摺以补齐

下浦局铜元八万托施少之押运

晚一点小雨　月如之回　散步　家信王大夫人闭气着蔡师治理

平

初二　晴　西南风

一点到局　姚达之自沪回方至局告假归　略谈时了

留饭　杨石麟来送万方居小说只厘照　取了皆悦　未完送

查本局票上月底止用出洋约20七千

王云甫之来谈搬与怡之林交易取巳　少奎之早回　施少

之明早开船

李稍田送来马杖叶几条二

初三 晦 小雨 凉 东北风

一点到局 李吏送来藤方机四件饬王上件文 敬寄付出 外借各件文案

王晋卿来谈 并恳忻州叙宁 忻州同 忻州 又谈日与西

徐世昌 时君留来 嘱东巷董事 撤退公学 各平难了 记余

派人送 有允役 初十左右再议

如见 陈雨到局 设学 袁世相来 付去夏布 生呢

笆山之送来六王大全十三本 汇借与林子有看

初四 晴 东南风

午后到樵荃处会子展 未遇 回时颇觉疲倦 着眠极了

李衡山谈 一点到局吃饭 陈范子将低武汉土山

張家拿去　姚受之衣已自己回其所通送京

書局中飯　吕宗翁送来大壽對一　王爱翁来談

代爲買筆墨　鍾廷一軸　此小爲李并所交

又買李福田馬机二海梅机几二個約

已買李福田青花大碗一高脚僧碟三個順

楊君之將君并瓶及所書字盤拿去再議

吳福星东来收纸收護田可望

又生祥午節賬付去东材

端午　晴　东北風　楊君麟備去年坑先捐寬見還　此巳付

午後田局留陳花翁三女中飯五碗八碟　如兄来局定

字寄語云施舟中途被啃宜禁止

楊石麟　售宣道光五彩碟六角式　又售之　康熙有款淡將

御窑四

年冠式圓瓷盤一只　十件道光五彩桃品碟十个　共[illegible]元　祝付

萬裱齋送來裱紫成工　三中天像一軸　給裱工[illegible]支

鄧文之來　候自興化來談　嚴五先生說媒了

同怡州　表樣5張　日間合氣

借如兄　十二点歸

楊載之付工至上午由東天付　共半大付洋　前[illegible]歸

初八日　晴　東南風　午刻大風

一点到局　如兄來說字　萬順張仲之來談　李[illegible]田[illegible]

白梅花里[illegible][illegible]去　國光[illegible]報　[illegible][illegible]

幕有南洋华商果及以历史编第一百季

晨 二初六十二点雨后二三时至飞早晴面坐起

一点到局 刘伯大自申回来候晤谈 三点撰围刊高章

王与瀛来代 徐子由嘱用去钞票

少达之初六午自苏回 杨石麟在局晚饭 十二点半回

陈介耀 拉瀛

晨 晚少瀛来坐

一点到局 适朱俊兆、郑振铎来到 徐鹿之来谈乃去了

请木匠修凡早来做工

初九晴 岚

一早到局 潘木匠动工 徐少伯来嘱加五百金允可 徐鹿之来谈 朱俊卿来谈面託一切伊早暮出门收租

回寓子廷来遇芝麓邠大碗 于十竹早晚 叔局侍

王宙之送来与同夫了稿 伊明日往安 我再寄笺之张维健追

着朱四官至分署取来藏舟图新局一叶 金分洽早晚

朱子阳题字 别溥夫来谈

徐子受来谈 撤 十一日韵年同宴段 九十月 方回东

然见来为题字 镇江吴徽亭大人无有讣同来 扰乱廷

张景先晚来持王晋之字条言敦宗学堂

十三武帝圣诞城中麺遍缘新文报

十四晴南风

一点到局 电报 刘伯文来谈 徐积之来谈并言已

六点后回大兄细商 杨石麟来取去外观于

宋教仁来云回上国备去日本先

宫保电的只赤局备借 前来将去取杂取去来了

蒋大来有君运州 先景明洪传

来写山由安县来行 晴乃指 姚鸿久等日精俊

李小峰前日来信索发表达已函致上海 并盼之取回

刁维文四角

姚光调宇 是晚友人五世送往红宝石

十二日 东南风

一边到了 姚安之由沈松来纸条为学生印其乃可

张子安送来其稿与看字体每书 掘于古董店 埔如意

年月已来不甚正 下午与昨来礼已送来收 又寄正比李小

二手函未戒号了用纸 桃家很风厚南鹘僕

施以宗信来 炉五只

十二晴

一臣頭痛　寫黄鹿杜來　龐芳來談王瓣南携老了

子敬兄侄宗陵　晚設供

錫兵雨鄉要借來刻女言之

十三晦　灯剃大雨

武帝誕　設供　掛大香门　中丞電邀　勇段后六泉

傷女兄逝五十五壽　僊終蘭家暖來撤代寫母卿

陳子蘭又寄函請漢隱因此對坊再設圖目下已寄之故

寄杭州陳史光　陶中甫　周達齋　潘心之　陳義之　施女之

潘青田啟南　花萃峰　去四百六十六　周子元　顧蓮元　中丞

恩如諭如初來

昨局来蒙汇北海于郴水灾捐款一册已讯陶少留助办

丁未老夫人年来往從捷惠

太平圜之水

黄杨老晋贺亭千尉记朱立代送大作條幅一幅未收退

回之福無代集

墨種名數日送来湘色给大椒记之宝箬遥

肃覆即颂 上海丁乃杨补授顺天府尹

王乃徵补授湖北布政使

守生办丁由前太子之之

山王禹甫乙飛

四月廿日根母已成明日可寄

十四 陰 早大雨，夜亦雨，午前止，少晴，濕悶

一點到局 退食以告曰

閩振丹寄示未刊字撷菁錄 郵寄運東北金伊局

退察 明窗高僧傳多已亞圍作說 晉字撷樂作能

葉吟秋來 送來白春夢游之吉山一遣 (往送直到之)

閩中新雨不收斗存錢 擲化陳炳多收云 明日早有

暑從生初回想局舊墨

十五 早晴午後 暑雨西陣 悶悶

一點到局 下午 姚葵初來談 徐少印來談 送來朱花伸萎

公之年病積很未有老一嗳 又又

刘伦老兄鉴　陈栖手所来帖中嫂记病亡摺一纸　陈栖送去

着邱大回齐打油

着邵耀芝转察家府票兵送报回——

着杨福九早到孙园

着吴寿光备送千文小宝八

着王荣坊报稿

十二日

一上画日　陇夏长卷名看　三百收藏　董文敏画卷——

饶香文　徐雨隆　萧霁稀　陆云涵　娄春雨

毛灶中　增蓉云　黄　又唐寅　横披　当丰宝

王耀西来候送到邢票——

王焕伯　刘伦兄来候

十七晴凉

至府中饭，以偕女儿出局 上海芳隆郡 南京芳

樹人来信 附南京查已寄不高 大通復信二紙

送大同中與刘王村陈来云 等秦局三足十枚

王芳与来谈怅辰以为可

十八陰雨

一早出局 王芳与守口來 作日往安西日送了

與談絲族流怡以菊耶陳子作辭

施中女兒今搞申浦回

今日都天大三市出巡

胡光表来谈，拟偕施少之往看同译出一片

包驊〻南先今来访为金

访姚达〻田王泽语定戰局刷修

天晴热

一点到厂　这施少胡光上搞五篇　少之出西北代表厚比了

给胡光谈作改好　访施少年取大清法规书

晚饭后毅凡由沪返家　刘小葊如自京归

半夜起暴雨一阵，转凉

二十日　晴正

一点到厂　丁四太郎家属往卯

閏十三日 陰風 石中舉青初四去歸 双壽信極人臣以
下弦以第計 陳中凡附以碑目 風日和美 正江南重四節
江山委地是中則第一流
看汪石靈來府來以函存——送還閻中朋存招
招石麟來晚飯
茅春臣送來包石拿七件付二元午送交其坪
晉 自夜三點雨及午方止以四寸 午以旦雲手般東紫
一點起 正南園中飯 下午看[illegible] 正大奇每看
病橘盦 下大刻刘化丈來談留晚飯
明村[illegible]來二元三女日往甫

廿日 晦 午前大雨午后止 东风

饯别局 陈梅岑自镇江来谈

古董商吏来 拱发王晓古董来存磁器

廿三 上午三点后大雨 正中午十二点止 东南风

饯别局 接局来函云有委员来调查 不许开门

明村来函 驰已深 缘鹿鸣如难理

看陈西递 掌史砺路一斤

风雨中乘回局 放暑假

缘鹿鸣代为劳科谈押款

王寿民自安丰归

廿四日 午前雨 午后止 夜又雨

午前徐衍来谈 代姚靖山请透支 可

午后到局 刘纪文来谈

廿五 夜雨 终日未停

廿六 夜至翌日午正大雨 午后放阳光一刻 以後常雨

一点到局 郭耀东来同

施少甫来谈 并述手头有

何早可起晴　輪再因水大難停

且五号蒙雪足许　问贤以大火

花来雨柳的晴东南风

着后时延月倘已正夏　露极深

明村她上路输至浦

天晋有来谈　八点潘局自增回与香李叙饯师乡谊

其小晴东南风　高锡肖自西园归

一点到局　修钟宗匠来修古钟　袁一品带去战拜

七点伊收什

王晋有　刚仍不来谈

读怀性吴兴朱作叙利语

廿九 晴暖 东南风大 极闷 日中有晕

一点到局 旋步由胡朱作 胡老楚宪马已霁来

刘汜丈来谈 鲍宅可典 又鲍翁处田现出

同汜为西蒲塘边看屋

大通为朱作之叙研纠

王晋为来谈 怀之欣叙到来了

徐根为来谈 嵩如有他往 杏孔和字塾不佳

三十日 晴燠 南风发动

三点一刻后 徐鹿留来谈 半後以伴回 到如之罗庸
卅后一份译文 梢栽随裁补
包鹤留来嘱剧领 达王晋留来值
六月二日 明日以星期 午前晴 午后暴雨正夜
晚九点东寿嬉巷三年殷家失情
一点一刻后 王晋留来谈
正以步行 蒲慧吻 孙鸣
大千夜来 榛钞帘
初三 夜正午雨 午后骤止 晚东北尚凉
朱子瞻 王晋留来谈

着陈升门至中学向陶少甫叔父取回横册
寅初贺至申末候
李豫姓瑞班借去乙乙千乙文

初三 早晴 午刻大风暴 早东北午西北晚东北风
一点四刻 陈梓林来候 杜子和来候 并荐周姓因利局了
桑植为来候 并补棚 桂斋 搬 月半起有
刘化文来谈 饱盈了
恒兴典 复代来 丙甲之年
练魏来啮 陈森祥 销甲之年
谢丁来光继因利局乞了 许月底交

寄嶠

一函到局 李大黄因于故借之件

再崇寔商付四冊件並送再觀

刻已交署黄之来談 古家函逕商協胡老来談逕到再觀

九月份之照撥銀先兌可

寄嶠西巖 濟

一函借以照到局 撥因利局稿

刻已之来談黄田可租去後 殘對可每月付 太貴

委接委寧来李復要毋 十二號後給件送去二

已歸高来談 陸祥来寧去聞路出北一方

袁长湘来谈
往施两处元已派回函多承到念感
悟与沪沈司去送作来同乘路多
今日函紫在广临宗书
即问晴西紫
一函到局
续加查前此三先生住十三号由西年同来
施少已注引之由已回 尊德照息无付
如未董送来加隙士程御鸿
继底另来信嘱手由尔件作 廿七
年代函蒙示析字印

送大之鳗鱼一尾

王当南来谈注帐意见

刘化南晚来谈 施少之送文之电灯一个

管教谕由滕寄来代弄野百合样子瓶

初九 晴寒

一点到所

明日撰对续少北三小幅

偕文方至万国一游

昨日看施少之楼洋至镇

初十午前阴 午后暑雨至夜 东风大寒 小

续少北三 刘化南借小碑 晚至施少楼

廿九 午前阴 午后雨 晚晴
一点到局 晤锺绥少 王霄而归
高伯之由西园来
卅 早雨午晴
一点到局 王霄 蔡植 刘凡而归 晚饭以散
蔡植为读定到新罗年谢以 兹郎人一屋
十一日 午前阴 午后雨 晚止
仲鑑召徐少白来耕了 葛司持片出此西述
一点到局

十二 午前晴 午后晦 灯前暑雨 十二点晴 有月 午前东南风 晚南风

一点到局 王蔼卿来拆字 根由枫间日本书是正局

南京由上海回来 四月廿七来信 五月廿日始收 六月十日始来

下午游友之至东西楼 茶寿卿家 丁寿卿掷月半泉还

出城到饭 同郑天民先生由前门

君衣庵送来李寰重九画十二幅

内第一日已换手卒之时

陈瑶林为汉书图书序大寿 钗州敦翁手

李士豪送来古琴正可视之

十三 午前晴 午后晦 小雨 西北风

一点到局 饭后步行至高桥西一游

王富晋来谈
雷伯之来谈
十四 半阴 晚微雨
徐曦丁未晋来遇
施少晋由省同来来晚同蔡叶虞布寿又小谈时报四海
钮心香来谈
十五 晴热
午后访渊如兄候徐子星未值
李小明日送左萱来看
王富晋来谈
十六 晴 正暖 西南风

一点到局
潘伯鹰著沈尹默手书刊印本
刘北留来借撤用改自己
谭承夜文集纸背拓字书帖
着朱和公近说与书本
宋素馆居收什表来安着居士近云再整
支晓怀西南风
钱则局
向小付工具千文
王鸣局来借相了　刘北来索
李小家来拿去沈周山水及碑帖三式

古城暖 南风 大寒节

一点到向

王君等来谈 刘汜等来请

丁香来为王厨习 王君等看学生送来糕

讫存折一扣

看鸟不敢来探春

搬施施少字们 往坚城进洋看布

王梅村之来谈

古城向暖南风 白云

一点到向 通宵修葺空屋来任过尽年

孫少帆夜归 今午看化验单

王霭南来 为写之幅

二十日 晴阴 热甚 有风

一点到局 安平李代办证在此同学资 根据看在出去

晚访仁李晋之来候 出到太平街聚

刘化南来谈 维鼎送票来

廿一日 晴阴热甚 午后晴 东南风

一点到局 唐伯薛伯自安平来送我菜叶两瓶

与人在合肥李侯义家人殿 老铁年糕廿件与

甚城局来代道定谓之

前日家信已寄尚未回復

壽翁手作桂畫已收壽翁

生日回候宏仁李霽之任太太

朱復齋來談攤定墨弄五千

劉姬齋送來蘇半皮蛋片

廿日晴暖

送孔局　竹刻軸少石自題回

劉伯齋李硯齋張煥章錫小件

高伯足來談　壽民桂蘭齋印聚度

本服分每服半按月下了

廿三日晴暖

一点到局　吉高秀之来谈

宏仁寺观乙山聚　何木匠收斗屋二料工得乘舟

廿四日晴暖大东南风有暴雨

一点到局　袁文目录五楼

李叟送来　朱沅石刻中重题诗并孙石山画王叔明画云归

少廷斋来谈画一点回

廿五日晴自夜起暴风东南竟日未止

汪六送汉瓦图

一点到局　王晋来读本书保举孙保印

蔡來谷代 委員到堂

玉承橋木匠將馬杭鄉屍事去收十個所也

黃曉風見

一點到局 黃來劉瑞丰 劉紀來小聚

陳梓林留來談

黃曉翹來見

一點到局 管小之由安丰押同子貨來暫起卸黃季

朱後日來談并留下餅券三千一月利

王含千近來 管洪保等取年 存局

王如千 六存局

来家谈华之变也
刘瑞公的书代作之年
廿晚热 日间未得大雨田禾势望润泽
安平薛子来明日往唐山借钱用四个月
着色少见何也安追回手下欠
汪六来行其别海安
王子晋君来谈谕为祥一前日前门
借此见与萃华家讲一遍吸新空气
同陈尉为中途因病回东
前买搭杜和根何以李子家出售
昨日司告假因母病重

洪米要口角因初次不責訓以後過此如再犯則
不免究也
但魯之作比罢自今又片至局齊东照台来到

光海兄 雨亞庭
復至魯信勤寄
今日李以手翰到我手来明追
好事攝子民報作序
從局手作催款母因是肯展付改換條

有月朔 午前雨午后止

安年薛子蒼偕楊丈來也隱齋矣晚復返京

月李晴還允收什物三百不可

筱如乞午以由安回，來來揶料弟廿吠

李八家送來月夜無八弟名簡

到化龍來談

初二 半晴

趙王晉明來談，未去西園，陪上姚蘭丙輝，亦住

徐子魁又來談，擬用上海洋數百元

輪舟亦大不開

丁禾留 祝 生日，年壽 擬送禮

初三 午后以暴雨如降
将寿恬下半年火息撤改上
秋禾将近收割，宜速展晴为妙

初四日 午前晴，午后小雨，东风，立秋猶溼
牙痛，日夜不安
李八来话，云已买黄恬寿曾付出此为卦
王尚甫来谈，已会见姚慕子崧行健、姚文之迪理
又况

初五日 晴
牙病稍愈

桂系僭號及刁楊竹山陶撰成來局調查

桂大令予兩湖政分子覺

覽悉

李明已覺語 桂系等酬撥風

覽悉

李日志恒代桂系送川生中有王晉施少泉等

又

覽 桂系業已西安

又

覽 牙痛大發尚不能寐

覽 午後演講午以昆弟雨

施少泉張遇吉 送平吉財及蔡俊含

蔣

肯今报母女昇帝首 王晋之昨晚来拜年
但先生偕玉璋来因忙與曲、換合同約一礼拜回
說上月已過海安有病
綉少重光由鄉來小暢談
姚蓬子寄来宾戏地图樣張及股票

十二日晴　有慕来夜　太太付肯
王晋之取去包騎馬樓款具
買煤丁公
杜子和来談收尾継来了
刘伯勇来談占一探

已看不大清未眠欠

十二 晴

修小雪鸿谱

何姓借七千文 告郑世

十三 晴 祀祖

王霭芬来谈

晚蒋百恒明翁朱修斋来作中保

胡某来信局 元升东家

丁未家今日勤月继省 是咨议局议联合大会

华远来回孙巧刻钢杨 研究戴壁可

十四 晴 海甯 偕丸也西南郊看荷花 晚 夜

十五 中元節 大雨

城隍神出巡 偕丸也出東首看会

王晉爵談 宗已元卅萬厚所立之 小冊 一冊 胡宗元立案

高郵堤水已過堤五尺 外興邑伸耆求緩一礼拜開

報載日本東京大地震 震全部毀 共三股之二

十六 雨 熱 引雨

夜大風雨 天明止 西南風

十七 晴 西南風動

上海蘇浙戰未作說停了

刑瑞来化淨卿

十八日晴大风

王彦来谈 去访甫之

朱復来谈 送吃了少

李八家留信乞拼有中最迟

写字 樊涧楷书共常风代

十九日晴

夏表患君送来何绍基对最逸纸所不喜

王晋西送来包摘

缪康来谈 借以六画花 新晴庐稿

二十日　晴

周孚吹嗒向日来函托蒋雨田调停

和叔吴蔼雨来候未值

顺少云兄廊明日春还　十四大郎明日发刊

路过三元巷有一对妇女谭深去立於路隅泣

啼哭声甚哀因而携资物失去不能度日者

给之即救之

二十一日　桃花残大似仿佛　村民有早拔

晓雨新居迁定往贺

王晋卿刘民同来谈　胡老由溧水来谈

二十二　自夜半大雨終日
涼甚加夾衣
為坂正夫作信

廿三日
大雨半夜始止　今日逢甲子雨則久雨俗云
如是未知驗否
筱克由滬濱來擬代請與文物選集談
請壽嵩因　太之以慕士刷

曾晴正

茅楼人来谈甚久
明日拟访此少往姜一行
太太病略愈
传言已开堤上游虑水已大有加增状
各事不甚艰难
昨日晤半山两 蕙庵
王晋卿来谈
绪小舫维长安第宜照平 勤书 五月廿三 辰刻
前日吴鹿来付洋之化纯
访此少未得正姜世兄年

昔时趣

太二美山猿

姚文元寿谈云尾去可建了

建瓯绘三星谈手可谈古迹 李家

李家送来日后画寝磋商

前会晚只送来因剧局剧成

艺晓阁趣胜於大伏暑天西

苏晋亭之金郎予言○史寿彭遇东经典

胡惠史白驹遇东明之经卷

王晋西来谈

东堂十轮复前
廿日 晴，燠。
晚乃见自善论来
已东来入一刂 书起西翁明收麽
考田之书语
廿一 晴。晚雨 西华王原敦县
卅 晴。西园何乃留书读

八月朔 北风凉

谒巨廷城林竟来手二言

初二 晴 东北风大

正华王府秋初方

王霭雨与罗芳祥谈定服其八剂 两日来大人之病势加剧

初三 晴 东北风

刘澍声来谈时事良久

初四 晴 西北风

宏拜馬先來　包鵬匠來結子改井

施少山首來候

廿一晴花　太付楼

楊石麟來　傾未表未龍

劉仙翁來　方保馬先明昇

丁達孫少翁請來京　寄來海鄉了作晚飯看

李公尊來澄泥硯一方　公饋

大兄來談

廿二晴南風

馬彥之早以往西安咨文送去

李大望生所述前共事十时函
丁生雅来信同意同来观看
并以此继出藏书乙未东
王翁函来谈纸条文物
可四楼上所 非又八九年至
训化文来访下
覺日西巖
頌痛之禅 錄如見來到
王翁函来謹
吳最為來鄉名教授 遂國[illegible]

戴孙子来谈定 维新 月掌以下
如兄彼以来 刘仲甫来
姚子之来云日内有讹散

初日晴
又补因秋热而改
弟子兄 何乃为下午来谈并携钞稿
王甫甫来
缘少兄值中兄自西来
马生雅报告

初九日 午后暴雨
写楷扇作
王霭翁来谈

初十 阴
霭翁来谈 梁骙侯荔丈来过

十一 阴雨微凉
寄子根母寿及根生等明日寿宴之柬
霭翁来评字

十二晴 云卧

十三晴 往湖畔来 然我无时蜻蜓

蓊阴雨后发西湖精逛子放

大通茶楼而后出随后再叙到下些斋

十四晴 朱信来谈

大兄厚本家到已去乐活道

陶元回

自湖滨归乌又来

同往湖畔 散步至岛晚饭

十五阴雨

付新安报汇示等

又交好某社

云芳卧

十一日 晦

缉子男来谈 拟开年补章斯

写手信存琐务

十二日 晦

培向仰之来

十三日 晦 岁长日晃

明日请胡翠友在芸芳府

第四弟连日恬不知何事

十四日 晴

饭后分包解园 校尺面幸局晓阳

晴　留出新回瀛一夢

与遇庵之作一首　語可勘成早作遊東漫遠

二十日　晴　少雨

讀雨前寄來普覺碣一本

姜仁士將之來又易

叶講為寄友　寄王瑢

寫不已　仍未删　句

元非友姜也見二來招呼明日上海不遂來

二十一日　晴　未雨　原刻新了

晨雅信來談本月到歐醉竟

芳嫂之来因母病问　刘氏为集
寄叶　复彤来云二三省河有幽盗少拇
廿二　晦
寄叶云骑驴平西不成
禹廉已回少今日不能缚陈方医通
刘氏为集遗年
涛子李瑞来前看詠未允约年不答二爷
怀芳来议言
廿三日　晴　得方山岳禧出海补遗
寄叶
吕倚南来谈

馬慶之單乃 長郎先通

曾啟

春來此歲付身好先生意亦可 誤戶太孫平

桑植方此物為 祿米為來談各防乎

黃啟 公所諭

善餘楊任之來年歲到

需之刻 云 乎我了了 慶來孫某收

貴本之來先還半來

元烈及 黃成之再談時乎

廿六日晴

杨佐之早归

未出门未安田苑广 不为正正

廿七日晴

仍未出门写振资

萼楼由来谈久谈而光月展

至仲黄史四寿来叶舍取禄

孔圣诞 风早放学

晋亩住局

昔阳
晓色东宅晚来生 接踵电追幽谷
花晴
大寨年年佳境
之外山利到
缘康来谱
廿三朱东蔡炊已多为来追着
姻老来作

有初晴
馬庵已來 芳林甫來 吳錫甫來
初二晴 禾卿來辭館保
陳梓兄來留晚飯 晉少見人華翻
初三 晴
尋楷留伴庵十日可回
晉況管辭了
晚臨李老將管衣文勻
初四 晴

昨午四点于镜澂屋怡只被扰之四五次而失身

寄萍南老客信

诸啟民南来谈 試民南同稿已添一语

丁仲南来取风发

募五兄来谈 朱四兄来

朱松公见陈有遥拜 昨早開行至滬去

八日晴

覆丁仲南函

吕宗南来取到刊稿

胡晓来

贾日晴

马庵之来中饭后去

陆翔之来谈

杨子久胡公云来到彼得月之座

汪远之之谈得月斋

雪晴

朱侯来凤玉潇

晨出访沈千鹤侪

朱子读来

叔晴

殷少林昨亦由沪来谈 惜只被召而失之矣

高鹤翁 亦前借及通可留老颜

吴少年有来函

以集通耳清安今早返乡

云锦翁来谈

祁绍翁已谈 十月要返

两家手作与松孙花

兄 日晴再拜

陈撰来谈近日了
古物事谈妥了
華和会

初十日 晴
马彦祥明日搬回通
上海风波甚恶 陈千润 祝陈长诸不妙
施方少爷回

十一日 晴
姚莘农来 挪化格草 谈谈
萧陵今来谈

冬又多雨雨報少

十二 晴 李栢回來

十三 晴

柔栢來信

催少來日已已

馬之引

十四 晴

柔栢以回來福楷三徑到館

初次西來談

而前行改折

下省布政将告谢安

十二 晴

吴海之送大年脩来

寄报母有分

记书与蒙以读聊寸

十三 晓 晚雨

姚芳来谈临石生归

十四 雨

学仲寄书作诗写农

古四雨午晴

施少屯江回

凌森祥来月年

老晴　午风

杨秀高来

朱俊开耳来取笺了　剑

廿晴　吕阳西来谈

土海

桑植西来谈会要修要一题番云

殷君又来谈，言在四卧

陈西王之来谈文事

汪二陵侯来 示所收字黄楼所主编 前识册字跋 黄纪

朱子之寓中饭

廿二 半晴

通斋之廿右岂少之来候

涛子名来前用三月份月内还

植尚兄藤之来谈

吴少泉还书并 绿先生承正按付

晋新而草候左回

伊姚文俊已到 為其母病函

朱之前青年要源子弟学年拟送礼

十三 晴

通知以前殷之元卅七元之费生一厥来之来便

朱仪之忠潇来 与家川帝山 5

罗帝御府所作

吾二弟之手书 续说

笔何為手谈

殷男為手谈 艺术了

廿日　晴

黄安平先后行

傅少屯之晚到

施冬往谈

刘仲甫来谈

廿一　晴

黄源生安平来　韦紫辰同

月底以前共可作　傅尾跋　吴少跋　聂耘进元　月底陈崇跋

济施国槐往正　傅汪跋

黄成仁田来谈

赵未行

廿日晴

往復敝只寓話舊書局

晚同色叙飯

覺曉 常從四月送菊花秋色

花落至西

昏然由家看君

寂寞於猶誇歸山寺

句寄之年文 作於勝利月日 一廢苦待過此

送色四花似去收

廿八晴

便叙两谈者了

缘少之回安

廿九晦

施先生回

春花姊夫妇回南京之后十月还

卅日晴

桑楷可来谈

李四手借与朱先生

十月初一日晴

城隍会到

吴健翁王西翁李仲翁来候 留同饭

初二晴

初三晴

聂梧翁来谈棋下

初四晴

吕宗翁来谈

初五晴

蜀碧楼函来中缄化年
施少莲寄函
是辰之事能行
晋兄回复吾家正了

初八 晴　夜雨
来别来晤叔叔来识
葛电话施之函学识（进）
曲见閒外戚字楼

初九 雨
少莲之来

闻沙滩怀桑被望

家青兄

甚略为紫艺定

此地当来往必易

如此追想

祝晴雨兄春禧

家俨三千纸云

春晴 安

与一[illegible][illegible]谈 弟[illegible]

子恩来信
费金到内
孙毅谋稚来晤了
袁长卿同道来坐元启又来说又存坐预备婚呈子纸

十一日晴寒
笠之来信约久月半后读书
振南来信要旧票
陈梓来谈
方巳东会植来晚
马二庵也多顺字辞

十二日 小西南风 二O118

旋少兄回

正江寄来陕本一石

晚旭南来谈

劳玉初乃宣氏

十三 晦 夜雨

桑根前 黄成甫来谈

绳才前楼回 九月廪报学研东

有西北风 穴它 换皮衣

李[illegible][illegible][illegible]先生：

[illegible][illegible]之不[illegible][illegible]

[illegible][illegible]之[illegible]图[illegible][illegible][illegible]八日回[illegible][illegible] [illegible][illegible][illegible][illegible]

[illegible][illegible][illegible][illegible][illegible][illegible]

[illegible][illegible][illegible]

[illegible][illegible]年[illegible][illegible]来[illegible][illegible][illegible][illegible]

[illegible][illegible][illegible][illegible][illegible]作

[illegible][illegible][illegible]

[illegible][illegible][illegible][illegible][illegible]

[illegible][illegible][illegible][illegible]

鲍宅专小

十七　晴　西风凉

徐少已携来持去取画价

发榜画何作

十八　晴　凉

徐少乙手付去画价

要九月初取册

款已了来谈下

十九　晴

徐少同来

齐振两帧册

廿日晴和
余仲石到
細少正去 市振母

廿一日晴和
楊秀鼎來換轎
寫立夜

廿二晴北風
與馬庵談
朱復來

廿三晴東風

廿五晴

施少白

法书贰本文

廿六晴

发正四照廿箱书要举件

胡老来谈

廿七午前晴 灯刻雨

施少玉溱

芝甫

廿雨

前年朱笛白来信需读手迹

芫雨

朱德代笛白读

卅 晦 介山作

修杜

陶（郭沫若）未引起私人注意，中国一个世纪功能成就伟列了

情若何受恩的母的，我们移移了一气一大雄的美的成就

依对家道前君展为多胜利的伟大的、以解放自己的叫嚷

十二月初二日　晴　西北風

吴大廣所寄來分書條　搨本下

望晴　西風

午後同劉君西臣從持庵茶肆用

旋步之回寓作書

先後同朱少卿來寓用午飯

　孫太守來

初三日　晴　西風　寒

撫石來　分二兩

朱集同朱方伯來拆押
合諸三六七番之子 三包解了

初四日 晴
余所之肩回
晚請馬余 喜添

又 晴 無風
晉省晚飯已西園小酌
明寄第一函

初六日 晴
余所之由安來 明日赴蘇州塋 另取立行紙只帶去

安泰先生贺仰之言而作本生

祝陶亮侯 姚与先生还须明日 叶毅

祝本生 寿五十冥寿

觉晓

本生寿五十冥寿 在家祀 灯以明向

贺晴

吾仰兄子由赴来集阵

陶亮会通姚文谈及再了

祝晴亮电

四子咳嗽甚剧 请所南兄评

蔚南兄寄有板桥四幅　题云一双翠竹初分潇洒
空洞虚心浑一般
心肠
王翁由国来函
托老兄再会嫩文
着作六卷通集译
汲马庵之书五本又有布罗乃廿种
平畴吟
年会日期须会晤英以四五六八送译来备回
上海来
申日松已二湖
胡范倩之上许

十二日 雨夹雪
蘇梅邨 送雪契来用日本

十三日 晴 西發
晚至馬嘉允出尉 请姚先生劃
蔣南面談行
寫字 陳兴洋灰厂丁科日记

十四日 晴
莊西來年四兩
楊乃追查宇原如何

易庵兄閣

安晴

託女已偕伊代為已接追至了

陶光之先生事

記近姚文傳

記寫悟并供

爲通知供

寫華仲供

宜請往處至了

吉晴

一篇回　　陳女孟上

十七 晦
晨印行 六弟沙井附
十八 晦
十九 小雨
馬三爸回函
曉步甚來
吾竹函甚長
六陸來告朱媽死
廿 晴
馬三爸回因途中船交失足一跌水
上海施少丞來已過

立等来取

春光昨往修理已讫

嚴此未退安稳为好

請問明日何時來修理也

又要拍板再修這次給伴收式

廿日

立等来取

祝先

廿一時復函

請將文件收好來取

孫敬宋乃晴上來取

芸晴

施少翁　何必杨柳烟雨了结　惹迷离　惹迷离　何光荣

马窗儿月洒纱西画

最难前来读又易人换别恋

多个正正遇乐

芳如只晴

芸晴

爱纤苗乃悦司情

何非瀚自今来时

正和大会聚桂苗

翡翠画来成黄慎中重封耳山之

前承 復行 遠之孫 翔周首卢
就以古今任子白
岑嘉周年手段在之國 杨十八日
共睛
纯蕃英帝周而 继叫
结何之前未至者不过东
光晴
甫行弟回望
韶の了来洪
翔纪施少五通 年一届 翔信心
來後代收手較僧

廿　晴

徐雁来此拟来年加入东北民防

周子来谈甚多

生维来托保人才　治否

早晚我家有小

宏绪电邀游

十二月　初一　晴　雨

早朱相公送八千元

楚青来访

初二 晴

大足县照例贺人

会叙不来午

海安县委来报周与不午

会务的加强午

朱信的邀宴会应春祥因树少午上

早看诸人送两医面

初三 东南风

徐六作清又月一年以来事会

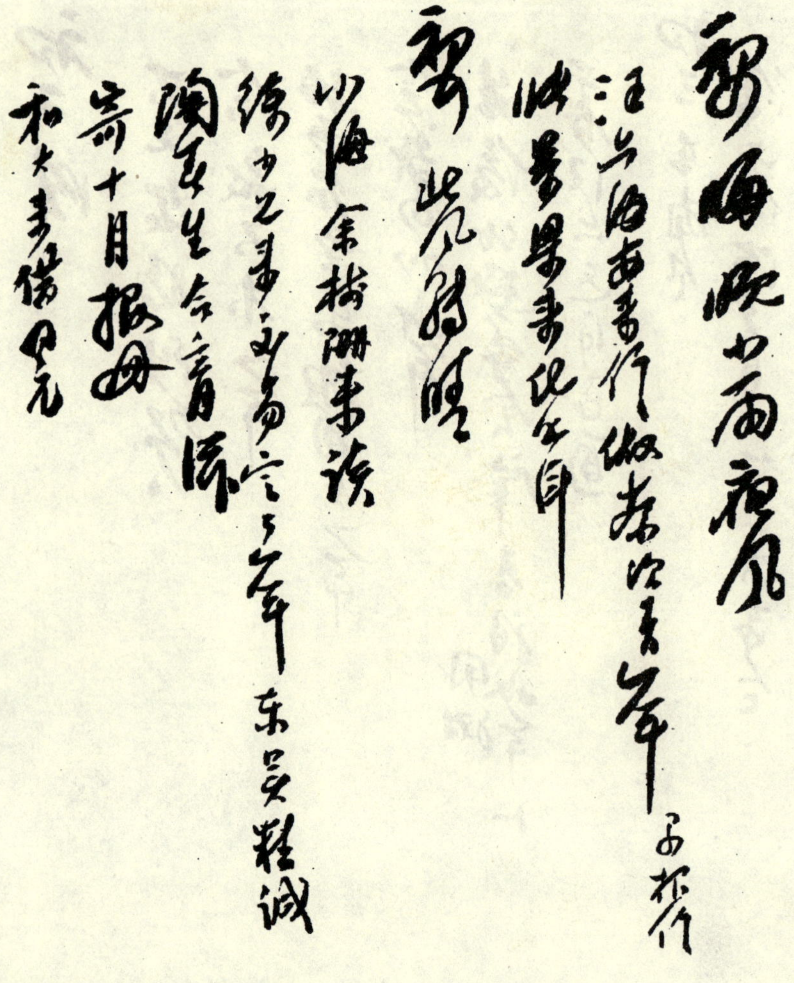

又晴

陈炳回　寄十月报册

炳老弟代　报刊已至二年底

写出简报稿

至三时等

民晚陆　送东来

会执回

宗男加以

府王东乡郊神

来信多谈声寿孙了

敬啟　收靜西來信八號讀了

陳子送評作已通

汪之來信附集去

汪馥來信借之好送去

再顏括之近日記聞色與余

陳書霖來信問安乎再

姚華來再送到怡手報招

祝日如面

包驥高來條

廿 晴

陈子四来 到行布置 芝生第的照

徐彪来 概谈 肇东辞职

又李松来 易来 用其

会议宣良

拜海觉 久谈

廿一 小雪 大风 晚晴

董宪百来 顶向姚写

廿二 晴 雪我不停

魏之良 来

潘静淑田嘱为书之怀画立轴 虚静轩 樊宫舍谨呈来

包骥哥来谈

汪萱又来作催之纪诗画

十三晴

潘静兄取去画来

吴仲来作同挥谈

包骥孙至此内宅

十四晴

寄别江南折 俗其书

嘉植兄送石窗来 并言一颗日归晖常携了花瀛

徐庸来谈

廿晴　祀先妣生忌

商会两会洽契

是晦光来　今年攘

廿一晴晦

施少由苏来电　叙叙切

吕半本来索来买　又托殷不合

汪松石付自京寄樊川世芳府　今年莽於

从侯是领商来值

招宝文来又假节省

克明
李砚紫手卷容当催友来取
古明
弟已写来任一篇
天明
三家已发
巫东定拟二十九日返到
巴东和若舫
路遥手画

何的戏来明日带了过罢

日日 记要每年当记 诺时记说备 生财习身 记说老之报郑重人 说报出

记要立报每年报告李使

方生报将赋文字

记要和出问日已难美得息子记妙没付理事息

日日 记要省郑重说报及结

选要难备遮心

如是未自来定

相收做就事收一年息时对

井昧

牛每上述

寄楼亭事谈　不下叫任事陈久付

码事书

初汇子事

每旗子事交　艺行宴君陈久星述休八月

土昧

不凤凡利计之　伴讯　得六子

星昧

是独为子谈

芸晴
汉字已通 夜任书手
谢谢
苏晴
早正晚师
你子爱在白晚饭
并家来住请验
书明嫂
汉笑青留来话勿忘远先付 子子子
施方烟回

8记者正向杨手调出与冲回要
黄雨经日来信
8记送董家保行开姚杨来看
00上等晚来看
李口今专来送去
女生相付贫之赠

宣統三年 辛亥 本年吾太太年[illegible]十岁

正月去自东至省

二月 去孤东此月中 寓正梅及九生海澄楼上

等候欲闽乙刹未开

二月去至三月初六到局办事清理一切

三月初 清明 月初五号 阴雨二三整日晴

接连三日二夜大风雨

胡铁梅 当本庵留饮同到任局

早会刘明留两日明日夜谈心

姚蕃为手代办大日本生意

专吉董追兵入运来吉由许云 送佬纪来专 信班七回

茅君来 茅太太今来付出版二万 连前共付四千元 有文卷山水

一幅 向来守候感再找的此记

访王秀孟和大兄晤 至秀孟处 到新桥是 绕局家来回去

至家取出郑书烦千元又施小同日送来

吴 茅林同送来 学组一封 三是样

凤子不送来双本海 信阳 刘雅卿 作会之之钞稿

祝雨 5来占作咖候 来千铜 施力

访友 严恒 胡洪 曹木 丁卉 姚蓬子 在昌中饭 及买烟 菜饭

8

晚在罗森祥晚饭 在中国学到名畅谈

十二点至 大哥处谈 三点回家

覃平 未晤 再函凡 佃十匠 佃樣
刻石前已属谈允心
弟未有付得你淬刺的
于下方应出印一件
拓将亦借之乎 因乃母要去世
胡老来谈要协可借之好
写了追寿去了 佃转求年
往亦来索价 他倭收上
西北桥裂前李家看古玩
再拓为三页 此兄目下又续来已函科

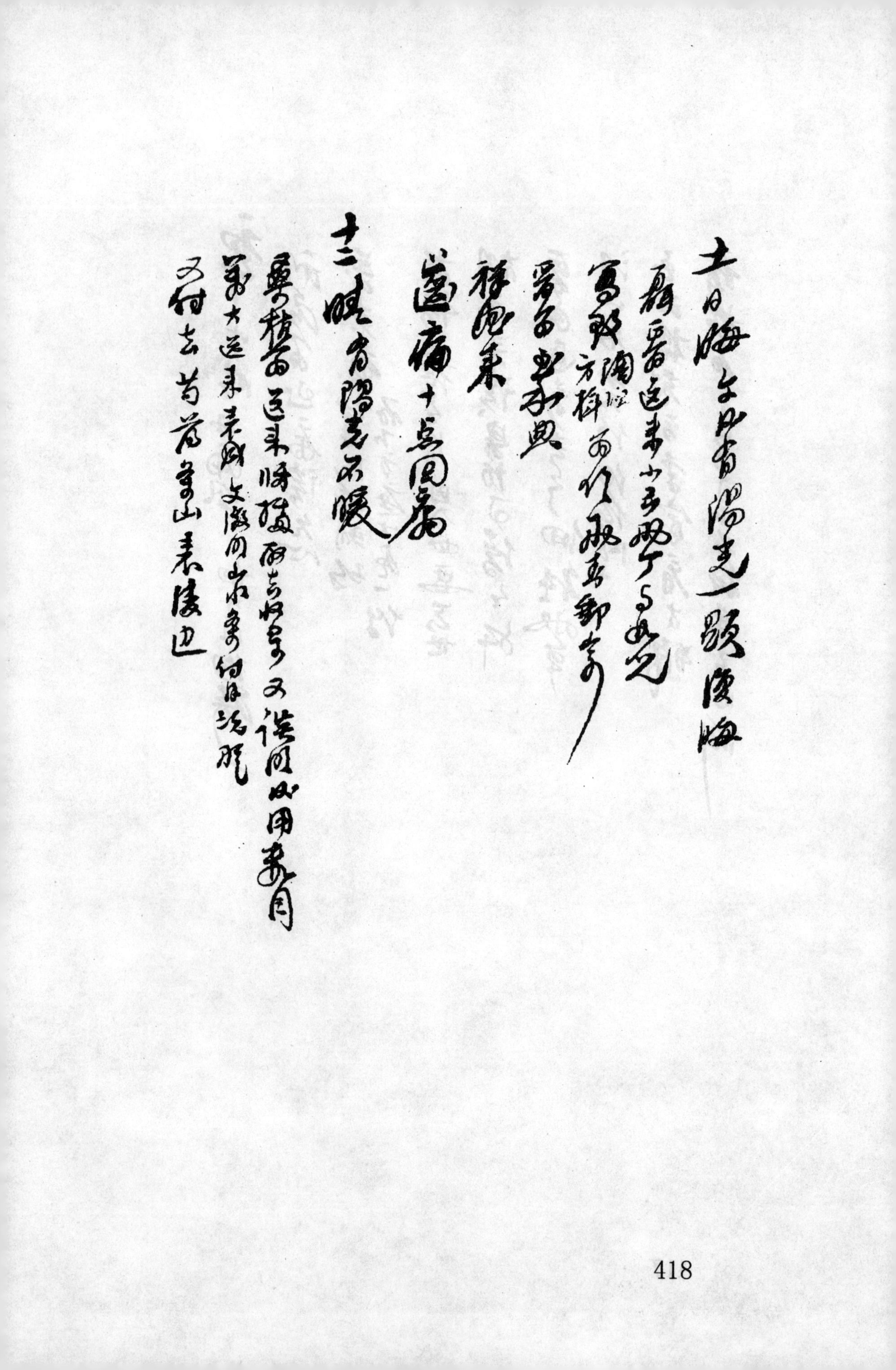

十一日 晦 午后有[illegible]老一题 渡海

聂[illegible]香送来山水两[illegible]交之

写致陶[illegible]方梓函 付取[illegible]卿寄

[illegible]书与

稼甸来

齿痛 十点睡

十二日 晴 有[illegible]老不暖

[illegible]稚香送来将扇[illegible]又借[illegible]用[illegible]

[illegible]大送来表姊文[illegible]山[illegible]

又付去[illegible]山[illegible]

汪君通如兄

前云拟为本处杂志稿子及杨颂秋为丁可候所勒

嘱寄来之说之文既经庵及作每月将已继

为辞承正

仍宜来续后义相子到我时一年还可呀

8

记叙之什与每月出国别局结书也

胡君要来加印付此

王函亦到

万王桐之函再

十二夜灯

胡洪骍回白騂

8

闻学弟来谈南去北归年

与王孟阶唱酬了

写黄仲弟作

数方将之作诗兴未尽来

后五遍谓正正书

曹暄东坡风

朱竹之印 弄潮来 黄海作

正局未云根岩石开

看似少正正理清素世追随五月秋

正数画中段生者聊聊为此射光之敬丁院并光

查契大扇衣囊

阴阳宇阳海枰林

趙昌三來談

府南京某老兩峽要以到之名

李鴻章

擬復說為黨告和照會收到洋轉捌已作詳由秦費公轉

8

周麟來談還未能聊辛

看看又至和大公書局談心

函吃晚飯看歷

去昌米六來向擬恭去日回

胡老丁老王西談心

到北京來同日往海

寫一兩信郵寄

十晦　到商会　罗下芳慎斋星及吴馨山桢拔
共饮

十一　半晴　看报

胡光来谈吴坊事　陈谦庵来会议撤商事务

十二　晴

蔡相甫来谈

丁手光来谈　招商典找阮等事

王西胡光谈可了成

十三　胡蔚甫来谈看货定月内

张商会大之

陈子正回南来　晚少作　施少甫来作

方梓青行允到来
写致姜仲行同到城谈及方事
用家蒋の信州呼 去找
剪输出版

夫晴 西风冷 昨日有雷一阵

早十点到局
桑植有来论报告及陈题了
下午老来双总会馆公请谈行 阅过书箕随者着
至西胡老王永谈 谈馆后包了
夜六到 伯承厨房
写狗稀回村发信州挖刀注年

殷君自来谈 可遂留 何无付再查

蒋汾子岩行问刑款

姜华伯来作言 芝生朱

汪尧生来言其印刑款

旧夜已 家裁夫袄

廿 晴 冷

蔡稚翁来谈 公会事生设报告

蕃大送表卷四件来借印仍 天宫 良翔 首府 方家

蒋五来谈

王西翁乃即来

施少修少来作 并生雍批示

陶朱侯来谈意

訪易會君未緣款
至子青處談時多
老太太談去會東生
一點回

好

廿 晴 丹凡作
與嚴翁至東生處談詩經好風 十點回
訪易會君未及布席招呼
嚴席來作問振母
着他送往嚴西海文稿子通
談周原來到
劉斯之來談

子青先生來函圈候再卸職日

復施少行由王西乃郎帶南

立錦雞綢對

允許友　六月廿五日待拜領

廿晴

王西小箋增畫菊花卷紙

蔡仲肅作復吉允鑄對

寫錦雞條

劉朋玉宗譜

贈眉之王郵外丁摺

陳梓　徐子大彥　王教　黃壽玉　吳大宮

大哥西面谈至两点回

廿二日 晴

傅女先生来坐 晚[illegible]家了

至南园吃饭 生百[illegible]度[illegible]相 东老之人

李[illegible]用[illegible]

汉[illegible]来作

找陶[illegible]

陆[illegible]来 鲍国来[illegible] [illegible]来

捐[illegible]回

胡[illegible]谈回[illegible]三点

廿 晴暖

答復司令戴傳四青報 信大通

覆楊尚來寫報告 季吾 周保卿

陪談寫胡報告

晚少回

到家宿与刘凤英 刘代周谈

西安來會朱德少匡談實事

廿 午刻暴雨雷

閱晚報 訪白老大去可痛

寫正風三章 白新 許斌 小馬 与少雲電飞

徐康来谈 周行 与晚少谈改正程实维

吉通函来因何久稽
是否未寄达　弟已如念

昨日大雨
上午已得府信悲悉溥叔未数十年老友一旦化去
惜哉　吉翁请为送其白玉兰片一块以作诀别之忱
并候印陈府三子遗嘱乃为白老所藏字画等
来而将来待达彼知其已论使生息以养老
则不谓然幸甚
顺颂吉教祺
爰大千三十日

芳贤　去岁曾同行
8號四日　新亭约肯以代

刘明来谈 孙用了

至大通银行回行戴凡如来遇

沈晋怀去见丰恺改延去

陇菊来画看著怀封星

汪六来访

晚 午前晴暖 午后大风转晴 加棉袍

戴因如来谈

与三西归 查

王梓材来谈

徐子受来谈

廿六 晴 清节

今日 祀考 因遇忌 因在陈白石家中饮 看帖 看如见

叩祀

代王亚东扇

陈谨来谈

托陶亮做募因和尚招厥

子受之傍晚来 谈 谓可叔 服近暑 多年已

许亦要

冬伯青谈至 白老家中饮并二人碎饮

廿七

晴

与翠根谷 夜衣四鼓

吕海寰集 答毅夫来函信

叶旭南来谈

卅日 晴

到白石家看字画 有子昂 白阳 蔡少甫等

8 李。雨以后的中饭 谈及西园山景楼三书地可卖

延芳回老市度

胡诺西到任局

寿老谈胡柳磨西所出电给胡 十外千 将磨给还原主

看施小西图书日版

邵松南来作挚谈到刊

徐森来行

蔡三先生至正往谈时根引头傅
王嚷弟明日再等来成一册帐
记蔡三买元明日已之
买跳账八十中壹刂万
来俟来请

胃血　东叔函
此是吴恩来请看临
上海六午之面来补
东子李来又有急病
[illegible]
王西回清展

晋卿怀来谈良

初二 半晴 微雨

晚少回府，写了徐秋请李清臣

至怡邸，遇要相谈，并有夜伴

初三 晴

刘伦之回云，稚少今日到通

又送来皮包一个、帚子一个、济房万

沈伯平托嫁的

赵良来谈甚多

朱孝臣送来白玉一方

買下手镯八双上之
会稽人不若海丁来为
与胡琪为西城门之

初日晴夜雨

寄西厓为题招
午以倦女之画和大陆安胡宅二函见之言已生一子
陈凤来谈并送我厚朴肉桂是广西来者
朱择之来谈已来去古雅斋
刘汇年来谈
孙蓉甫来信　陈公山来信招呼
蔡仲宽来信询秋间今西书識

丑 小雨

霽楷甫來談 李霽野

沈從文送字畫來扇

○陶亢德送來烟炉扇已寫定價給收之

李霽野來談了寫南之風

朱光潛來問丁居了

收吾學舊藝某

8 向萬大借來龜

寄王大之柏根稿

舊本相談回

8 記 寄之兩土作

大哥请吉翁中饭未去信

窗中牡丹大开

亭侯一次

李少卿送书目来拟合本交易

初八 晴冷

8 李少卿送来卅元以下书选定了我拟依正月法归李日

交代

许衍正来

蔡根当来拜访东三省与公文来（咨报府札稿）看其文意是孙某携

乃告方悟形以免再扰亲房人

致沪函 秦某自来候为族谱事如在会上搞乱 三厉

8 陈凤年代乃不能谨付出三四月两月华项奸

朱蓉生午后来康去白玉路下
康竹之由封部来晤西华琦怯滩自告我那堤风潮未平
都地议论已怯又言
刘伯老来如之所告
捻张亦大告窘活也

贺少晴

朱四来谈玉
顺早着王堂送自己画 高邮
李小子古岁去听风来说写关于风四字扁
直家看牡丹
借如兴西月游一游
刘伯翁来占课内子羔十二三岁卜晓

○○记李胃帝正谓私两只又收少邱收谓箱奇回应用
嘱朱亦催
寄事携同遗书目拷
○○托汪朱俊仁追朱云白要实地戮首

初八日 晴

王大兄押保送油来
折牡丹三支送局
刘凡翁来谈晚送三味寺二君答辞 又送吴六毛生
隰青君看屋至东门付厅费件 候刘老
后饭雨后晴写致华管讯
会朱老未晤

宛 陈正

早西东街戚三家三戚三有瓶 济南の母乳嫲乃

雕李了家看瓷茶壶  品甚好 元珠式白料 言大的

是乾隆朝的东西耶

前日寓义门瓜の宇之左紫罗是秦量李仲风章者

僧如光已刘楷将军面一观 内中是和尚 名必祥 主持 道光初年

建筑 吉时可习朱泥与其表弟为莫逆 当守寿阁多 故

如小系为市西姜家因 花地窗内内有一陀与此为一家也

路遇黄梨架老人宗 吾不堪后之事

李史送来之壶及瓷器看而未收

万大为依表壶有朱泥 可对其金

柔桂同志夫妇来访 丁六先生亦来 俚文来访
桂同送我别直今几生留看西甬
风池今始能北归 千元接到赴家同行 已由能操手搭奏 朱家言
上请堤梁善好施坊额
忆前有对句一联 家贫知物贵 世乱作才难 撰联化文书成刊板
剑化老书家挺动 化老年已高而书法秉润难得
蔚庭萝老故友 王孟芑先生 不识何因
聘晴 今蔚通中学师范助双 计如只通苦嫣舟 周克坐 马先生同席
会李先生拿来字据 是了湖磨石看再谈
的与子老看见别萝邨
晚适刘心老处 晚饭 先有江西炼炙 漂文在

李八来要账

杨西林来，内乃别去

施少通回

徐月生还已竹

十一日 晴

屈武偕高王及两人来换钱票

张公权来送耳丝，取去居据

刘化先来候

杨家又送来刘五五款

黄肃以世界画二册及字画人一册

徐康来谈，云杨杏佛、姚席第来东住青岛

缘生来候
刘刚之来候
十二　晦
8 至家请周岐山医家访周子病云用鸡子黄及荞麦汤
晚午茶谈 蔚与吴晓芙亦湘行
如与来说可进自作八年籍俳の传达
本月六有来进自来入日记 限东州
8 王梓乙来谈 谈谋女生称 遇之の
米亭宿来谈 王子 并谈陆君田承敬
赖云之来谈 到刊如椒连十日
缘秋来谈 陆嘉梓到刊

十三 午前晴 晦 午后大雨 王雨轩来访

朱的来谈时局

代如兄写扇

小留来访 德名

录二曲 题回

秦俊来谈 寿县两千万

朱处兴潮加五万卅上去 起翔

明日大寿 请姚席珍

访陶亮 写贡陈行

十四日 晴 小雨

至吕家巷 少庄先生寿 吃饭 请姚部生看此景 戴的

归以后 先生吕幽至王君母宅吃晚饭 有月可待民

十五 晴 通知协胡步曦来沪回沪继续森康款

黄莲青来候 持来凌松作

朱俊来谈刊款

吴男来谈驳款 容日宣实胖

叶太来拿去李复青小方一 宋锦字横披一 挂谱一

买下南木对一樽 寄文

○嘉定董李老十三偷去旧砚一 又有资器来

少其兄晓来谈刊款及因私了

十六日 晴 昨夜小雨 世泽今汉 射晴 正值立冬 更射暖

叶根庆来谈

三夜赵逐君李鲜松堂送领怀

傍晚见画与吴楠一起 吾一扇田

與施少之談撤明日北里盛南
朱俊返悟與栗翻來並談聯情已晚作去年
往別外由通回
寓下李浚重中堂上題 使抗

問舉壽川松枝老富貴還女 藤蔓纏更下君
寫蘭芝芝草壽卜君為壽子孫賢並去為
於別偏愛余詩句故又補青於生看来亦不甚磁
画位也 乾隆十九年歲在甲戌四月 虞堂隩道人李鱓

支健
談五葉家寓因別短是夕中至都門
朱口來談甚
樵三至家事談形論

施少西来

江逢俊森林到戏

十六 晴

作与季野书 寄语孙年

用朱梓之已去埋看田

戚平家姻丫来去昔治忻

陈蔡若写联 已不恨

刘明来谈

写致施少仿说朱子之弟请函

十九 晴

朱梓乙来访未遇 净付礼

刘仁西来谈

陈五偕弟丈电

薛芸白谈之，时时纤纷，甚有可观，画亦精，并能诗其人

代郑批稿竟五行，较向来有

胡香来谈即

杨子麟来，拿去买下旧志乞鹿鹤，托其出售

萧周甫、陈子丹来，亦通阅屡行

二十日 晴 元旦向例往贺

女以西服先后敬香谢神

阅根发、陆宣达与日公司满城押款，息以七六五扣增可

读韩章程仿典式拟段

子受子蕃植、沈风来来，与手大定利多峰

日上海商务何珠办公司

8 祝壽當之件

請朱侯來約明日再談

胡來函

吉時

徐庶近訪西安福來先付件

劉以來

劉湘卿來談談共錄李書高等語

同劉紀為至文昌西看廠西牆之側那處甚懇不可臣工本領之八年

訪陶堯臣經擺辦事

8 寫補少作文仁至西四樓下寫訖手刃帝之腿

午飯回家之至東回候朱彥 黃達 府

会兰海来辞　晚来

廿二日　晦

尊樵亭　送蔬将来　伊现周　婿来

朱丙来谈因子

刘化南来谈文昌宫尾子

凌松甫来作言良庭鹂子泥发

斋二月子报晦

廿三日　晴

写杨善作开字画一幅

蒋子修来手谈

蒋五来谈

周叔弢先生

如晤 叔老海来到

日昨

臧旭初来信说曾借少书 旭初言伊与书有旧 石

能旧日所收诸辰鲁港两书让伊东乃朱试乐

蒙指无任 再说谁了写画一幅

如局欲见来进年

看推

叶大来说满吴富伦蘭扬 杜 况下

作双护局同到叙如何

等候来信以便定用

向主震要手炉

芸晓

陈白老至京午当开追悼会

刘渭卿来看珠 因此珠一粒 可以三元剥壳买下

翰晚约饮 朱文锋二之及孙岳 唐来谈地 正寿

吴居胡老来

芸晓

刚收面书

来厚面奉说 面前并请同

买下此核桃一对便说

正此写要及看地 晚朱二

施方回 送此以洋帽一枚

惟少迟些之耳。寗
媳妇今辰（巳）时生一子，母子大人均好，老少喜欢大好，是佛照
可贺！
三太太今年七十（拱）岁，得一重孙，尤可庆贺。贺君令保

微雨
丁子下请吃饭以疾宿回

共晴
雾樵面来将至镯及伊帅及杜子和
送五百张子以礼物

晴
晨昌白来
李贵公中彩来谈及伊首老藤钊可送我
大哥来谈并将留田押契

又李必秋来府锡壶两只收仟先付甘方言明阿

兄嘱 着陈五代家左要带上件

寿公因祀至家饭

后福寿超烧 及寿星土[illegible] 净[illegible]对合谢

又大哥来与玛瑙烟壶作托 外送和合一幅

因如只至今大送寿桃至府

[illegible]以今年来已三件 次日送二付 留壶一个[illegible]

买下书丛一部 候信 是寿笺 如 华氏

并要华氏去年先华要书家

青和翁 两

朱五弟 谨

汪受之函和大言悴息

初二日雨后晴

刘化南来

丁和老来谈陵兴了

陆星甫来领合肥回

暮同相公东耳许西女

初三晴

刘化老来谓叶姓女与伊孙索大约非兴讼不了

李叟医来铜量合一只径如兴晚

又来木窗千两项价不千买了

成斋来订程移武文肖司

朱後來談，已代交鄭合劉訂已

晨彭子齊程來，以有契押

胡老來，要去女什太平桶二十紙

初四 半晴

有西海園老張跛腿送來新做四舊蒔地白梅花一尺長瓶售去

得世之、還君翁、章旭、李八來評，不值正去

呂翁為楊芷翁、臧旭翁來，有玉牌

臧旭代評定前日收收者店拿來煙臺海陸馬蹄筆洗佩十三 金紙批

周哲海易來信

朱後來談东昭及我想生意

8

鳳池來，今日放假，送來舊我所藏訊 前墜 候用平陸付來

契下欠銀二五洋付之，存今來現淨欠銀

8

丁六太郎來談，云有白玉及薄玉件要出售

雨過我外舅約初九晚來談

初八大雨

端午節在局小飲

包畔之自粵回東來談

初九晴晦

快崇翁劉外翁來談甚歡 如西兩日起臣

刑紀翁來談 并示新批

橘姑翁送玉米看

藝士送來春件 廚及黄燴之元之記

又晉之翁外集小來 吳之丽

言報至四月底

楊石麟近來字畫寫作俱精，乾在偽處字號易行文

叔明

用北京如專售滿因本來係商品

其照已三刻無二年

你及兄至李府前請教，未嘗近於蘇錫無六

8

先儀以楊錄記姓名傳其號，對遍同有契揮

請自居十二月前

錢主得此係府於已傳去，對本半月遂有三年

李學秋、於竹錫壺工後

嚴樹森，此處作廢年、秋年每月制錢文三，擱付此致南安

叔　候安

叔明

朱俊百來談 彭子安往來作 翰研契

劉渭百來扇字卷瑜也

劉恩百來談 楊蒼百來候

爽晴

劉渭百來持翻同子來扇子龔

滬風 楊石來談

畏下 端硯兩方 共眠

朱序百以來未眠

丁未老來談 秋大雨

靜晴

西吳岩荒大哥萬似了

四弟因腹痛回家暇歇二天

代朱庠臣起函

十一 雨

見安之函 孟君信 借物收已寄 橋看新秧 甚暢已午

天氣甚亨 秧苗宜雨 而晚麥恐受少損

十二 雨

十三 雨 日霽 來傳

戴帝借正石米 用正斗斤

木巷送來申報 白以象

嵩雨送來忙の請安碑

丁六安卿送來五件

十四 晦

大哥來談 取尺

十五 晴 止

東方諸君函皖罷委
迎判處
劉作函來

亥 晴　李宗侗劉女來中收作入局
朱□來談田
都水來函致劉海東
李楨排隊

子 晦 午后小雨　田壽昌過 晴
朱□來談田
劉作君來談
湘北難民通境募公函
黎少石居正渾通函民國陽文才已仙由函上云解
初月楼講集與萬德子遞深愛家

丑 郭□指南一书去 上海商務印根

十八 雨

下午六时至来看元善周治各兄俪月兰荷

沈佳丽送来楼瓶两双鱼

邹大来借钱十一

十九 大晴

禧门 都天会灯甚闹

马叔良及四弟来局

刻一长日画如意

刻纪为送我汉英词典

太子 弟来谈

买下许婆内松竹梅画 丁西桥人画

8

记帐本 荐人函

二十 晴

余仰来
李来
臧旭来
廿一　阴有大雨　如兄昨今过宁
姚君南来　施少年作
丁子良来　丁承生送稿来　居易王师那来稿费
廿二　晴
偕内子至鲍宅看屋
胡少云来订三角铁钟
化光来
昨看王欣上海通
报载吴的先生狱中笑门
聂世芳送来批把与安徽新报
廿三　晴

廿一　又雨　也書外場不能再雨

蕭隋書生伯看訖

明傳卷來代刻求隋曷讀本訖

善本付去土碼并土一包

昨夜函衢失慎

到紀君內子岁來

丁未卷送來據并讀付了

蘇校撫由來付之

廿二　日夜大雨

韓椎來與書未過之

廿三　又雨

桂亭至南園請定付年　第三卷5、13李克勤上海出王正福清典據

季高之觀張長城講僖正等

王秋石之年行函

廿四　半晴

王杞石来候
吕居庵来候偕孙百之 孙宗大来谈诗
刘化杉石来

廿
晦 小雨
施少云回 王欣甫回 江潮甚大
寄振姆 复吕季庵信
钱仲英由沪回粤乃留柩

廿九
晴 西北风
相如来送和钱别
刘名谦我叙理 不到
会本生
子梅来此叙送行 邵芸 沈吴璞 李梅
晋臣来宿

朔望 微晴

刘纯甫来

蔡稚甫来取去韩刻邵碑

陈联来

初二 晴 东南风

善卿邀赵寿铭至正阳张花李家

老吾来

金寿老还朱笺册

王寿一册

刘日老来谈撫復可

8 杨翁过来借

初三日 晴

朱俊过然臣来 寿俊来

初二　晴　雾桂来　刘化来　李去病来　丁季茀来　聂朱立作字还来

初三　晴　刘樊许已去　复祝方借正试卫每还纸送钱

初四　晴　如月饭来近畔　归后回信

初五　晴　祝宜三许　晋回　吴藩来

初七　晴

弟四兄未来　看沫若聂嫈卷末附记

初九　晴

山雨风有地　倪亲来看

初十　晦

卸理发

十一　阴大雷雨

与石黄溪来坐谈

十二　以署三部

午刻见阳光　晚晴云

昨在马路谈来马路中路休息以致寄

十三　午前明午后雨　晚夕夜晴

请城旭来剃

十四 晦
臧旭百来谈
晋取刊去

十五 雨
晚后大雨至今午始止闭门是夜眠日暮后
缪力来谈

十七 晴 吴蔼来

十八 晴 大风寒
晚吴梁来

十九 午后阴晚微雷雨电至夜

廿 晴 朱仪来

廿二 晴

廿三日 晴，晚有雨，西南風

桑植李芸亭來說同泸

夏局雨來，仍令作

燬帶而來

傳丁先生 柳翁 公 師 三橋
趙局

託繡少山省川界門團丹

廿六日 有暴雨

薦本胡鉄來 莫老計五千兩之股

廿七 晴

呂君到

其令何以諸事已過節略

廿九 陰晴有暴

晚至仁大中飯 桑李稽亭儒等 設宴請予

王明宸來王郎送來公司稿

晚至老半齋飯有李森

卅日 有霧悶熱

德昌來言公司為債何如

閏七月 晴

還李書安及孫三哥之川人未識面而出了暴之應英遂棄

追錄此了丁未老談會已初三 晚看眉目

初四 晴

趙局長以當來商開名

共濟會來取條久詳

初五 晴

一覽王荷舍撰和大公詩稿

栽梅猶少兩行

季事安 姜蘭芳 賀同有

魯樵來

初 芝蓮來談周易

長孫初二來

夏 晴

魯樵庵詩り

汪六兄遇玉森

辛 晴

玉公詩贊關帝

土王用事 晴 首暮雨

上下午生談

江户回日集缘
吉什经祖利息

擬請風子寫村聯送季常前　當那六馬一紙不甚佳　莊三太郎

有古琴今一擬買當　擬買南木做椅鏡匣子　天曉擬請　陳景堯　陳壽名

薛金揆　電飭老丁來送及阿大弟故　借捕廳川使同請

徐子受　陳梓林　朱芳揆　少廷見　王香濤　陳少云　翁小三　擬同請　宦子菩李復帝擬請

擬寄六房共安　記吳四汪先生正及鳳閣　樊川孫戴擬買來　家中素桌

園西存何人借用　擬訂今年學業手摺　三月底四月初記詢素芝取回

守少芒來談同子　托施少實白紙昨日市三尺多寸來　記還崩金僅年

天上巫丸惟夕多之同千山神記擬寫送邱丈　擬請　徐二姑母　劉作舟　黃老高老信

擬買香牛皮　記作改薦蕃帝同久降　記還紫喬杯　記問陳六呼姓家產

記裴德芝生假證信　擬會丁本老假鄭壽致

端午日素芝吃飯　四月芒根　交通股業算通商長炳大陽歌珠　何大炳　少通謝　翁辦　徐成龔

丁子言借去小說一本　安宇文借去日本古書書四本

金十借來安至易原四本　姚景園借來六至大全十二本

施少回歸母鄭壽日　問薛因家得一本

正一

㊣

湘芳人偕到园　十二　湘语丁本老刘比老　素芝之[illegible][illegible]老[illegible]

偕已骑而已到　方正以李小分[illegible]事　十三　往[illegible]之及奉庆张友外家

谈略已有着[illegible][illegible]会　话姚[illegible]为买地[illegible][illegible]

十四　大佳老服[illegible][illegible][illegible]雾路二[illegible][illegible]　往[illegible][illegible]通[illegible][illegible][illegible][illegible][illegible]

[illegible][illegible]以谈[illegible]根已到[illegible][illegible][illegible][illegible][illegible]有[illegible][illegible]的南[illegible]有正上有

十五　[illegible][illegible][illegible]　[illegible]通[illegible][illegible]通[illegible][illegible]大法老[illegible]　大生[illegible][illegible][illegible]

已正侯已保[illegible]　[illegible][illegible][illegible]记[illegible][illegible]天[illegible][illegible][illegible]四到[illegible][illegible][illegible][illegible][illegible][illegible]　安[illegible]

丁记[illegible][illegible]　[illegible][illegible][illegible]子[illegible]　[illegible][illegible][illegible][illegible][illegible][illegible][illegible][illegible]

正月[illegible]有[illegible][illegible]李[illegible][illegible][illegible][illegible][illegible]　[illegible][illegible][illegible]保[illegible][illegible][illegible]

十六　招　[illegible][illegible][illegible][illegible][illegible]北[illegible][illegible][illegible][illegible][illegible][illegible][illegible][illegible][illegible][illegible][illegible][illegible][illegible][illegible]

吉榮泰　著

吉榮泰志學會日記

（一九一七——一九一八年）

二十の

王宗泰志学会日记

民国六年十一月
至七年六月
(1917—1918)

孙家栋
2008.2 阅讫

志學會日記

丁巳十一月

十九日 東臺縣志局開幕

二十一日 孫太先生為秦題李香印

數物居然屬趙過雖名隱約認修竹堅貞節

此鐫琅圃姓字香逾眉樓努鐵畫何人親篆

白頭玉纖當日親摩挲南都無限興亡感金粉銷

磨石不磨堅用之妙非可言喻矣

二十二日

二十三日 看明儒学案

二十四日 用蒙叟文为跋李安溪集都十六册

二十五日 看新叙

二十六日 成截句四章题李香邨

二十七日 正甫来嘱我精文写汪钝翁临帖题跋尾

过江南学生谈李香君即学生题绝句四章

旧与梅麓庵藏律一公藏真用帖后有梅麓庵跋七

跋前有梅庵题跋长白瑞何敬手装者子有杨

石卿春山纪游册子此五年前所写以杨帖及东山

紀遊冊子（冊爲戴子高詩，方子東題，江研山畫，陶白甚舊藏）從心師易得，嬉夏

曉堂跋冒巢民長箋一通。辰名悠極好，後人莊子

十二經序，語是六經六緯說，極精確。不

二十八日 明儒學案泰州派（王心齋）語錄一段，有過悔不樂，

可算煩惱前頭失愛且喜樂。今日覺處來樂，此

即所謂從前種種，譬如昨日死；從後種種，譬如今日

生也。

二十九日 李安溪極推服亭林，集中有與顧寧人書，論觀瀾

錄，又論長洲顧寧人極博者也。語卑（矣）頗多者，治之基。

大哉衆者亂之機識哉吾言

二十日　榕村集禮記纂編叙余嘗病其繁亂為之約

而序之夫古者小學之教成人之禮都見之曲禮少儀

内則三篇人道莫首於冠昏故冠義昏義次之然

後達民行之大莫若祭又次之言喪者凡九篇而

檀弓曾子問雜記附焉言祭者凡三篇而郊特牲附

焉由是而達於鄉黨州閭則鄉飲酒投壺射義次

之由是而達於廷邦國則大傳明堂位燕義聘義

次之由是而周於衣冠冕服則深衣玉藻又次之自

曲禮至少儀為禮記內篇 禮運禮器以下學記樂記以上或通論禮義或從禮文或言君子成德之方或陳主者政教之務為禮記外篇

曲禮 少儀 內則 冠義 昏義 喪大記 喪服小記
問喪 服問 三年問 喪服四制 奔喪 檀弓 曾子
問 雜記 祭法 祭義 祭統 郊特牲 鄉飲義 投
壺 射義 大傳 明堂位 燕義 聘義 深衣 玉藻

右內篇目

禮運 禮器 經解 坊記 表記 儒行 緇衣 哀公問

仲尼燕居 孔子閒居 文王世子 王制 月令 學記

樂記

右外篇目

武王踐祚 曾子大孝 曾子疾病 曾子天圓

附大戴記四篇

（原件此處遮蓋）

[redacted]

吾所謂情也吾所謂無情者言人不以好惡內傷其身

也業益熾矣而此際正以戕人是莊生所謂情之害

也玉人無情玉人不以益熾矣而自戕其身也

人間世載顏闔蘧伯玉問答（莊子又列伯玉以年知非乎）孔子所嚴

事於衛蘧伯玉於周老子

老聃伯玉皆道家之孔子所自出也

初二日 新序刺奢衛靈公天寒鑿池宛春諫公曰

善令罷役左右以君鑿池不知民寒以宛春而罷

是德歸於春怨歸於君公曰春臣善寡人臣

春之善非實人之善欲業學必離異道而不衰

即此亦可以見矣

初四日 看朝儒學橫劉靜之永參語錄 與君子交者君子也与小人交者小人也君子可交小人亦可交者鄉人也鄉人之好君子也不甚於惡小人也亦不甚於之齊也亦在君子小人之間天下君子少小人多而鄉人最多小人害在一鄉鄉人害在風俗

仲尼弟子傳已開後世與學案之體弟子師孔子孔子之師無派別甚夥故無序先後述承以道家

之老子道作孟儒家之孟子是也 老莊子二執文真 老列道家

畢生老子二者老列儒家

師經先生批以讀仲尼弟子傳命題偶思得之

初五日 向衡柏飲 看榕村集楊韓氏讀書訣謂子

弟篇口不絕吟於六藝之文手不停披於百家之

篇紀事者必提其要纂言者必鉤其元此文省

言讀書之道凡書目過口過總不如手過蓋手動

則心必隨之雖覽誦二十遍不如鈔撮一次之功也

師經先生以日記見示 榕村集有祭關侯文及康示

甚夢事 以禊帖一本重裝治之附以韓文寫容文跋

初六日　讀亭臣先生道原序　看亭林文鈔　吾鈔書序

序云：曾聞諸先祖曰：著書不如鈔書。凡今人之學必不

及古人也；今人所見之書之博必不及古人也。小子勉之，

此論與李安溪韓氏讀書訣篇近。為注校父

校農藏遺集。尋林有先子祖墓文見文鈔　鈔書自

序文云：余先曾祖有言曰：余所蓄書，亦吾有字而

牙籤錦軸之工，非所好也。校此可知近世修言校本

藏之弊。　校甫以表澂生致吾尊人手閱四遺見詒

撰志學會記一篇　看詩經疏十葉

初七日　看詩召南注疏畢。平王之孫，此文王也。悳能平正天下，則稱為平。殷其靁在南山之陽，傳：山南曰陽。雷出地奮，震驚百里。山出雲雨以潤天下。按雷出地奮，豫卦象辭；震驚百里，震卦彖辭。此毛公引易說詩。山南曰陽，穀梁傳文。

初八日　莊子庚桑楚：聖人工乎天而拙乎人。夫工乎天而拙乎人者。唯全人能之。唯蟲能蟲。唯蟲能天。列御寇：正考父一命而傴，再命而僂，三命而俯，循牆而走，孰敢不軌。如而夫者，一命而呂鉅，再命而於車上儛，三命而名諸

父執協唐許

初九日 以志學會記呈席臣先生 先生極許可 東臺夏先生以張

圍大荒荒之歲 自京師歸於其鄉 惜然憂 嘅然歎 知皇然

寤寐以為鄉改進 雖無材禮 逆無從 思將學 北乎於遊與

何有也 荊南楚越之墟 壤而無際也 乃語其長君廣鎗聰

不修學不講 云雖且憂之 亦惟勿識瞻類為志學之

會於是 江外應滿 賓賓事環以聽 句有趣 月以簽錄

期年綾敎青繕寫 訂 美哉 勸學之意 將邁黃門

齊蘭陵翁 嘗聞泰山之雲 起於膚寸 不崇朝而徧

而天地風之動也起青萍之末及其於大木甚大屈靡
然莫之能禦也能曰撓萬物者莫疾乎風居子之於
事也作於微也能而將畢也臣無冥冥之志者無昭昭之明
無惛惛之事者無赫赫之功語所其然哉語不其然哉詩
書之博也禮之文也春秋繼世先王之志也莊騷太史同
程朱張之書之本末醇粹者也是皆學者所語為述
綴緜切世用者也老子云當其無有車之用莊子云
朱泙漫學屠龍於支離益三年無所用其巧無用也
有用也人皆知有用之用而莫知無用之用也然則

先生非徒設崇祀。鄉賢將廣鄉之才士以效用於天下矣。

吾詩生而風雨如晦。雞鳴不已。之文曰菁菁者莪。在彼中阿。

榮泰雖亦庸陋。猶將趨舉吾鄉為先生洛誦之。

初十日　詩伐檀河水清且漣猗傳風行水成文曰漣因號

閒以為即本之易渙卦風行水上曰渙

十一日　困學紀聞卷十八評詩引石林避暑錄裴晉公詩

灰心緣忍事。霜鬢為論兵。　集君示執題香君扇

四絕句情文宛轉嗣響梅村

十三日　文選四十八劇秦媺新神歌靈繹海水羣飛

十五日 文選陳太丘碑文 宏農楊公東海陳公每在袞職
羣寮賀之皆舉手曰潁川陳君絶世超倫大位未躋
慚於臧文竊位之負故時人高其德重于公相之位也
十六日 三十生日 得白石先生畫石直幅題謝孫書曰豐禾
華玫助資用勤（静逸）圖近倪迂妙品也
十七日 楊說存為我刻寶香閣印 看詩注疏十頁 有瀰
濟盈跡言有瀰然深水者人所畏難猶禮義者人
所防閑犯禮越君子之道終則殆與
十八日 看詩邶風注疏

戊午正月

初一日 集君三十贈丘海藏處詩 約蘐遇叙

初二日 遇心蘭先生 先生謂余題淡清堂帖五古極佳 鄭海藏 海藏論詩謂須有風趣 又云風趣類以虎筆為之

初三日 看樊山詩鈔二卷 成絕句三章 寄公君二十任以

南先生跋澤海門志 周嘉祿彥升撰 正父來 公君

詒我宣爐 過三伯父略譚

初五日 雨雪 過校甫 為擬跋李筱泉畫

初七日 志學會開第一期會 見許岑先生

初八日 招文实校文總而慶若譜

初九日 校甫招同愚頤幼实若談

初十日 公是招若談未往 南園看月

十一日 志學社第二集見文实愚頤

十五日 泛舟游墨溪

十六日 南園步月 舊藏白老先生寫像今重裝之

十七日 看甌北詩 先生在日曾青眼弟子楷今也白頭矣

汪文端詩集四

二十日 看甌北詩鈔

二十三日　光緒丁未白石先生為秦寫新篁石簡，遂以贈

林伯工重裝理之

二十五日　定庵辨知覺篇：知就事而言，覺就心而言。知有形，覺無形。夫子文章可得聞而知之後也。夫子言性道不可以聞而覺之後也。

二十六日　看定庵文　石窗作謁來札，今年勿、常來有函往也。定庵最錄李白集篇：莊、屈實二，不可以并，并之以為心，自白始；儒仙俠實三，不可以合，合之以為氣，又自白始也。斯以為白之真原也。定以此論非尋常詩人所能

二十八日　過何石先生寓，以水木明瑟四分書橫額，催石生作小照。

二十九日　過立之。

三十日　看袁子才駢文。

不飲胡為醉兀兀，此心已逐歸鞍發。歸人猶自念庭闈，今我何以慰寂寞。登高回首坡隴隔，但見烏帽出復沒。苦寒念爾衣裘薄，獨騎瘦馬踏殘月。路人行歌居人樂，僮僕怪我苦悽惻。亦知人生要有別，但恐歲月去飄忽。寒燈相對記疇昔，夜雨何時聽蕭瑟。君知此意不可忘，慎勿苦愛高官職。東坡寄子由

二月初一日 看蘇詩荊州十首 太守王夫和山東老鄉詩才

年開猛烈白首見雄豪 飲鴻思無隔 催肆對臨車秋正紫

中書有要石惜句賦雅豬 未云將相有詞名 刻王守不知賦雅豬之

初二日 為正文撰跋楊恭甫札 宋甫以國絹見訓我

初三日 石薇先生安晏來一札云初六日可到

初四日 父親叔父南往謁祖妣墓 跋集君書

初五日 看蘇詩卷三 梅甫來 正甫晚過我樓去江衡道

悔并跋楊後稿 集君後一簡

初六日 看范伯子詩鈔 中年後白去人多病久才消極自詩

日記

何似丈人當老境，尚能強作悲詞。何子獻受外甥之
倫張濂清曾文正王副戎兩壽文，選入孫篆素叔
云天地之道，老者桃而緝者蘭，通相續而日新，山石竇
□翠競湧來。宋梭山和劉遵原詠史名高而行維者兩
日晚與蘇討論，自梳陳務甫許慶寬前山甸起譚
箸書多暇兵氣詭從宦無功湯去鄉惟有土城最堪
陰萬人乃海一先盛開土通沼告不起商州之位
初七日　辰往謁先生睛安，疊承論我馬通奕詩毛氏學吳清
擬說文古籀補序，康擬屏子正音

初八日　同介賜過小南先生，午後南園小坐，作隸為金書
佰些博冊篆額，政賜九月天敫堂正位蘭谿歲暮小東坡九月敘豐字子由詩右錄詩為葉
初九日　揆甥午後出，看三竹父壽仲玉星南篆，午後壽[illegible]
指陪予飲，成墨卿為我題錢錄書放
初十日　石穆先生往滬，贈以白老畫雙石直幅，朱曼君桂
之華軒駢文。瓶梅盛開，靜坐後且樸絲詩一過
蘇東坡送參寥師作十，石注本卷，攜者常作[illegible]，豈攜者絕[illegible]
前近於[illegible]而直豈[illegible]與夫子[illegible]且[illegible]雜客皆卷錄[illegible]
[illegible]就安眠，旅人識[illegible]攜，注引史記[illegible]世家太公宿旅[illegible]

東坡中隱堂詩：“二月驚梅晚，幽芳此地興。”注：言驚梅晚也。開便欲話
依依惟遠客，皎皎似佳人。春深桃杏鬧，笑汝益嬌羞。何寄
蘇詩精者亦多，然思不能振之，寧缺毋為選
以筆意飛動可喜。叔文舊物也，擬重讀之。

十一日 看范肯堂詩鈔，詩為吾友熊梅說君遺我，東華謂見
人鈔存者，所以為屬精。蘇詩造物如以人為楚，水勢救江
水向西流，注江，因東海潮自海門逆入江，勢不敵而逃潮也
也。黄仲則詩：“若使人生能了恨，只除江水不東流。”

十二日 鈔閱一日。向老寫件至此處，甚為坐讀。益我逸

趣後生可未以後畫最佳此中（舍不關前作）正其時（承認）然送珠勝壁

蓋非同足珍矣　三女來　擬挽翟聯屬三女書之

不見古人真恨眼力當昔事莫辨難添老當聯

十三日　東坡集卷十九日雨詩借沙當寫也　筆記藝表

拙分明雲水光中洗眼來　又遊祖塔院因病得閑殊不惡安

心是藥更無方　安心見傳燈錄六祖語達摩語無丢

無咎字本舊安補費休讀　又名海使邹播邵務用宣壽

洪皎漢趙盦軌又名休齋注曰空同名其學曰休齋

謂量才一室休喝獨身之算休養而讀之宜休也　又魏書郡四

請錢辛楣宰畫幅高安李銅雨仙人雲鶴古鏡跋子

覺庵藏東坡雪浪石打本有無荷屋胡墨莊郭

覺銘識　[illegible]砌乞集君寫詩

十四日　為范肯堂詩鈔　白石先生為楚山書極帖舊書

不獸西田讀嘉樹新成十款陰　梁南山積閏鄉程棉

莊[illegible]敘氏云正多破鷄陵謁[illegible]老古方如鮑石佳[illegible]

十五日　静参自揚州來貽我供布一在帛二疋鳳丞德一贈論有

泉歸之學　午後邀静兄印以應奔顧以畫為直幅為　撰鴻珍凍孤冷筆追共

龜清論永夕　看蘇詩一卷謝人見和書生事業兵八

堪笑恁疏孤冷笔，退步又得强欲趁秋寺闲门高卧

定谁家。粗疏吾有上平赋，[illegible] 苏文忠寄刘孝叔诗，又和赠公

题然画诗今体题签句诮赖莲恩。又赠为太傅今年累起

故将军，幽梦清诗信有神。马革裹尸无细事，虎头食肉亦

何人。卷舌常尊酒，二毫学道有得之作，当写出也。予来亦

逸路但此笔。赵郎中见和戏作答之：赵子吟诗如泼水，

一挥三百六十字。赵子饮酒如淋灰，一年十万八千杯。又苏

谱重换词，惆怅无华真漫道，漫道用以谱书，亦叙述了

安邱访董郎中诗，爱杂韵，应为山头 [illegible] 下马来寻董相坟 [illegible]

（原件此處遮蓋）

書鑒東筆皆有松雪意態神趣

十八日　朱竹垞秋水集序，以水喻文一段，當寫入文言。竟成集。

論曲文成學派，不害其為近體，學張、岌格事類。

出其杼軸，皆道其道，無攀援之論。集君唐我宮商即同

其題李香沙之前，貢邑做舊，當合李邵拉本裝成

真幅。夫然知雖東千百其者，東走道其南，東趨東走

雖風其集遠之則異，今同業者眾，然皆出於同

文。鶯鸝唱歌，和者寡也。若夫黃白鶴之徙也，鳳高翔於

千仞，棲梧桐，生於百尋，知其寡和，無悔，而不能出於從眾

者心勢也

十九日 說文：碩，石滑也。段玉裁曰：碩，石性滑利也。擬硯之本義取其滑利發墨，猶文端子共段焉者也。蘇詩次劉涇韻：歸休憩瀨船，舞雪何日著春花。多情白髮三千丈，無用蒼皮四十圍。悅賞文章真小技，早知富貴有危機。為君垂涕君知否，千古華亭鶴自飛。（自注：劉之兄涇生有[illegible]矣）又韓幹畫馬詩：韓生畫馬真是馬，蘇子作詩如見畫。世無伯樂亦無韓，此詩此畫誰當看。飯後看蘇詩一卷，合注本最善。注横甫拈蒼譚斟酌挽瞿聯千段去。蘇翁王鞏詩老字

也何雖日暮將軍競病自詩鳴下誤指為筆迹論之誤將

宜也晚香花作手詩詩中多改合比江雲秋潤生蘇

集卷十六虔州八境圖詩敘中惝奇語可喜 夜飲次韋

推官詩老來漸減金釵興醉後尤耽玉筋工自注章草 月來

上時應早發先教鬢者閑無公鬢又用左傳襄三十年鄭

伯寵靈子 瓶梅正謝 劍城人家古花裙細可喜

二十日 東坡次韻答王定國每得君詩如得書宣心寫妙書不

如眼前百種無不有知君一以詩驅除 看蘇詩第十六卷畢

新堂夜月詩繁華真一夢寂寞兩榮枯唯有當時月依然

照松泓卷二上還下未聚都非夢了了方知不癡實了了用
參禪師語以韻孔叔父集句見語退之擊筆子美
詩問君欠假何時歸成調在58借書樓卸8又還吳讀鈔
二十一日　趙燭字蘇詩用之　看蘇詩一卷　梁任公二十年前以知新叢
壽張文襄六十數韻序首甚佳楊寫者也　蘇送憲
純粹字夔州才大者雖用論而常近起　工和人見贈
詩小卷此春流過衰鬢往數痛葉蟬8又後均來光
庭初發卧闌跡響梧桐雨獸詠徽像殷闌風詠拕君方
綠承業辟鄉龍野詩盤功注闌進李承業集

令章路作詠菊 為學會水木集 南園杞蘭獻

南 陳秋乃病勢甚劇 晚往陳家閱之 又有信寄歸也

二十二日 悟之歸觴論 績懷師許以白石翁國錢別第二圖及篆額餉

我擬以圖印兩片為報 吳讓之寫聯付江池裝成 星帥六

年前所論也 見許參先生 汪勵塵自南京歸

二十三日 風雨一日 吳讓之寫聯裝成 看迦陵詞 蘇東坡

書王主簿所畫折枝 論畫以形似 見與兒童鄰 賦詩必此詩

定非知詩人 詩畫本一律 天工與清新 邊鸞雀寫生

趙昌花傳神 何如此兩幅 疏淡含精勻 又東坡筆點

[illegible]雕肝腸吟我江南數解絕

二十四日清明　老去心情百不宜，楞嚴堆案尚推遲。何能更與先峰叟，賭取黃河遠上詞。澳洋詩　心師今日爲余述之

晚看蘇集，以唐彥猷書得石子墹二物，洞靈學法寶盌，血擊雲海戲犀躍，江清詩石敢私囊遺人道

黃門有父風　衛瓘子恒爲黃門郎，善草書

二十五日　赴向晤六師，送去閩省圖、費葉本六大冊

二十六日　過縣赴向見六師，葉中卅号牌訾

二十七日　看蘇詩一卷　書丹元子和李太白真：平生不識高將軍，手汙吾足乃敢瞋。作詩一笑君應聞

日本殘碑沈均初藏本，黃婦匯以蠟鈎錄。

廿八日　陰雨竟日。看東坡詩，被命南遷詩人多矣，千秋與萬歲。得時何喜失時悲，只如戴纓三公貴，不覺黃粱一夢游。又卷三十六惠州靈惠院壁間畫醉僧詩：直視無前氣吐虹，五湖三島在胸中。余鈎即文日十八三真在胸中哉，即蘇句而變易之耳。星師殷積同錄。

二十九日　過志局，見星師，設即切坪師操以丁園圖為余所藏園子系畫，遂借瑜峻。又至景范晤正父。晚看（余請以積楗札易老劉本屏，他之師楗評）蘇詩。硯父病漸轉。

三月朔　同静岑南園小坐於白桃花海棠兩株　晚寫付

敦華詩　看蘇詩　静岑許為我寫桃花欄盃

東坡贈詩僧道通雄豪而妙苦而腴只有琴聰與

蜜殊　又贈山谷子黃家小兒名檢作詩為長松賦亦添

以今數歲已動人老人留眼看他日羨君老蚌生明珠自

笑此物吾家無君當置驛我當館看兒傳業他何須

又我今已習禪如過　注　潛子于小乘十六大弟子中稍慧秀

一已半空之

初二日　説文美進善也　即循導本字　蘇翁于經（卷四十八）寒

燒條戲火灰裏撥陰何空燒用傳鈔錄李文蔚

人得佳句或以傲王公文贈仲勉子文存子才如不羈馬

知君以似峻凋松蘇詩自二月朔看起至今日畢抄

五十卷　謝趙都子惠來平生恐欲今丑貧閑口遑

人不步陳倴藩多經趙都子也能作意向詩人工絕

句此多分付一蒲團蜂對蕭蕭竹為年假為老僧齋

碧甌自携修綆汲清泉　卷四十九顏罽詩與黃山

谷略同馮以為即黃詩後人誤入無了此等坐一日但兩日

君浩七十年便是百四十蘇公贈楊道士詩也　又贈青雒將

吾皇有意縛渾手椎破銅山鑄傳符驍將新除三十六

精兵共領五千都周王常德須纔狀常武序漢帝雄才

六尚儒紀武君學本蘇文武術功名不必讀孫吳見卷

四十九 又破天荒用邵氏見聞錄劉蛻事 又牡丹詩小檻（卷五十）

徘徊日自斜只愁春盡委泥沙丹青欲寫傾城色世上今

無揚子華揚兌人曲盡其妙見歷代名畫記 又贈狀大

夫無錢種菜為家業有病安心是藥方 晚看墨林今

話謏聞補傳（卷十三）嘗取後子此然莫如詩語名其集曰止然草

初三日 四庫全書提要子部譜錄類曹氏墨林二卷

國朝曹素功撰 素功字聖臣，歙縣人，歲貢生，工於製

墨，所製紫玉光、天琛、蒼龍珠、天璣、豹囊叢賞、青麟髓、

千秋光、筆花、紫雲、寥天一、薇露浣香、玉五玦、文露紫英、

漱金、大國香、蘭煙、淵照，僅十八種，而適於實用者

耕煙、東我、千秋光、漱金兩種（漱金爲素功來孫製，千秋光素功自製），至可寶

也。 有四庫書提要詞數

初五日 以郭原庵手寫日本殘碑鈎本（麻光鈎摹）八，沛寫同

白石先生畫丁園錢家圖，筆意法雅靜逸，以查梅壑

神意趣引爲四家（書法亦似倪迂）遠，似彭君柯定爲一筆人地，可珍貴矣（萬中石聯）

為仲生應孔撰文　過何敏丞

初六日　蘇詩四十四冊至廣州寄蒐遊之子　贈鄭清宴

秀才兩五言古當寫好

初九日　赴局見星洴雨叟　静岑兄晚來　鈔惜抱論畫

絶句九首　寫匯石集論　贈静兄明府鶴語面目

初十日　累苑路又石嶠論　為周文生定文　静佳簃雨窓

窳光畫了圖錢别圖气均高簡静逸近代罕見也

坐得意之臣周子光不能及也　篆款及署款尤精

十一日　為林道鋭篆一巻傳状題

梅伯言禮部尚書李公墓碑盛推孫淵如先進
汲文禮部員外某南河總督其以姓字冀孫格墓户
部郎中梅曾亮亦與李院禮畢同晚北域進維數
恐外碑鐫文字未發念謂然曰吾師有碑不宜棄
說屬僧亮題著移文識墓誌結構精嚴氣格
雖遺書與然寫通曾滌生大界墓表居其下
則排一方之雜在上則息萬物之累世道一耳其為
語最精確 右曾公文十條首 讀孚為寫江
內閣箋奏氣韻雅似朱涼疏 謝安老劉文實慕談

十三日　看陳伯嚴詩鈔　志局見心師　沙健庵夫之

桂師宋文蔚初彭齡續吉金所見錄皆其所藏之錢幣也

集某氏園用漁洋韻十首甚佳

十四日　過鮑靜陀南郊散步　看隨軒詩卷　七歌雜詠以力勝

陳迦陵詞神仙將相有何難辦事取之以氣　晚看黎

續纂宋潛虛翁征張雨生書道家之說曰精曰氣曰神

此三者餘之撥之而渾乎一於是以形骸遊雲氣入水不濡

入火不焦飄飄乎御風而行余嘗從學是術而未能所

以乃竊以是術而用之於文[illegible]烏乎其無以加於此也

十五日　看二周字文年度　看黎續纂　寫信與通

晚過安伯丈略譚，爲何冬假寫扇臨蘇字

十六日　何生（鑒洲）爲余大扇面廿祖子蕃先生善蘭竹，詩老甚影顱鷹扇獸多　麦敬萬年跋，如机當合陳獬注志裝一冊

十七日　餽精光惠我宣甫先生墓誌、高材遺書　過以南常州先生墓文輯成一本

師略譚　晚看揅經續纂，章實齋知難

十八日　寄一劉外舅（去三周先生詩存）　撫爲王父卅

紉詩社遺稿跋　南郭子綦曰我悲人之自喪者我又悲人之悲者我又悲夫悲人之悲者　方存之歸樵集敘論度（兜樵續集）

境過甚題梅想畫　同靜如若論爲潘君撰刻印例

十九日 過崇如伯 午後晤峥兄 札圖 春續纂一卷

湘軍紀十篇乃史遷神髓

二十日 餞峥兄以之揚州吏惠予菁刀一亦雅情深意至

可感也 看藕舫雙桂季懷行路結題甚佳

二十一日 峥兄南歸 叔步史獲菁刀一柄峥兄以之揚州

花甚配紅木刻板為紹興專冊之用

二十二日 孫嘉淦三習一弊疏錄纂遺云耳習於所聞則

喜諛而惡直目習於所見則喜柔而惡剛心習於所

是則喜從而惡違三習三習既成乃生一

樂何謂一樂喜小人而獸君子是也今將顛乎陰陽
永柱一樂不在乎外惟在乎心又治亂之循環於陰陽
之運行坤陰極盛而陰生乾陽極盛而陰生乎當極
盛之際必有陰伏之機其機藏極至微人不能覺及
世險覺乃積重而不可返矣語極深切萬文正公時服
膺乎　午後過靜參擬文　贈寄揚州東門德大興
二十四日　過靜參贈以讀史在稿補神采為像跋未周密
詩鈔一本　又寄沫　且又詢送來閏令趙君碑搨
以辟之字完好當出黃秋盦藏本之前已可珍矣

以白老七言楹帖贈靜芬藉以慰別　為周生權文

二十五日　看續纂鄭吉傳於是中西域而立莫府治烏壘城鎮撫諸國誅伐懷集之漢之號令班西域矣午

承過鮑竟成何鈍庵　蕭望之傳上聞之驚拊手曰曩固疑其不就牢獄果然殺吾賢傅　又張禹傳禹雖家居以特進為天子師國家每有大政必與定議　孔光傳或問光溫室省中樹皆何木也光嘿不應更答以他語其不泄如是　莽以光為舊相名儒天下所信太后敬之備所搏擊輒為草以太后指風光令上之睚眦

莫不殊偽，若權臣、貴臣恐懼不知所出。又常傷懷

皆是。朝公卿大夫士逐逐，每文學之士，握筆而

帆張石橋雨集有詩及東魯故聞者，當使之之

二十六日　立夏。静兄之揚州，送至河干，此別且六月也。

二十九日　作一簡致鮑静兄。看西巷詩一卷，静巷所贈，此本

為周氏家刻，精美可玩。學莫便乎近其人，孫卿子語也。

雨，送去郵局函件。午後再過何勉齋。晚看莊子一

卷。幻滄夢影大旨與佛氏因[illegible]（蘇中少鹽馬君）

韓昌黎祀北平王墓志。人欲久不死而觀居世者何也。

穆子楚每見清秋報急，春候謝公，致子楚謀，往有深情

送印譜與楊滄石

三十日　春世況　寄南通報此

四月維夏

初一日 看迦陵詞清平樂一闋為之周定文 晴霽晚看蓮絲續纂史漢大篇 宣帝察望之經明持重論議有餘材任宰相欲詳試其政事以為左馮翊 延壽恩信周遍二十四縣莫復以辭訟自言者推其至誠吏民不忍欺紿 又孫哉多因治於相從以士氣力延壽之風歎也

初二日 志局見心南師 華祖廟謁神 派別長沙恨當日活人書不留一卷名傳李濬與之家太醫令

同看千秋歳寒所書　晤伯勤見雲庵集歳

寒藏本也　正父送來太玄　太玄似卦次亦大異

雲雷之述雲霞之乎惟用法暖居之月令也　則四大異雷之避威

雲霞之讖也

三日　看三國志　裴松之注　未十五未父官舍讀書始誦詩

論語及易使淵淵其詞意斐然宿學學者不

能析也　[illegible]

四日　星帥處晚飯贈談見李東向　姜安節同旅亭

四百宗選民詩

五日　何生移居　检出大轴页投我　以陈文述字人主君
万蔼严侍御写竹笺　严画不多见　诗在龄墨林今
论严为作序　为二周读东坡志林
六日　为二周读李陵与苏武书　嵇勉斋熙谭　王述来　收樱吕文纪
既字　天气骤热　星叟来　为我题勇敢军学册叢
荷含勺药盛开　修杜变熙谭　又见边大
八日　静臣自扬州来一札　绍兴册刷板已敷成　交吴泉卿
第四二丁　绍阁重矣　春秋雨盦随笔
九日　叢氖抄与卷侍日　五代史冯道传论李瑞之

高路安碑並運入古文淵鑑樓爲兩周說之

十日　莊子列御寇小夫之知不離苞苴竿牘敝精神乎蹇淺文非哉手汝爲知在毫毛而不知大寧爲緣是精　徐鉉說文本以詩書禮樂經說之以金版六弢

穀梁補注於越入吳數秋於楚吳越於越以其夷俗不可治以周禮然有賢君大夫猶夷之觀於虞廟書而言孔子而無予孫陳良北學中國荀子以於越夷狄越其蓋從周之後南人陽絕華風

十一日　陰雨晚晴　看穀梁補注國風西經苑民

功臣陳保之為余寫扇銀其舊作隸法稚似
張遷衡方為保之塾僮寫篆面柏一幅蘇字
一摹武祠畫象題字見我霜鏡格本
十一日 誨為琨女群 金安午後 寓墨病錄詞四闋
十二日 風園生甫園小坐月季杜鵑款色穠豔間映以白
茶蘼此可喜也 誨鴻過傳論及李琴夫錄王鐸書
事首午後過魏經略譚改静兄一片催取紀遊劇
拔[redacted]是晚日事去 何生之萬以大扇屬書以上款目唱畫數
早晚涼看秋雨盦隨筆一卷藉遣岑寂 希文選澹

每仁怀蕉赋余幽角而获见[redacted]戴[redacted]之书画名余以

图如春余以嘉惆[redacted]屡以扇乞写墨竹画上

十二日 世说琊兴以六朝子之出首陈词于楚江窗水法然不

渴之贤稽笔不往东南之美实为海内之秀

十四日 苛萍删枝相熟後淡怃常似有变初 朗夫句

世说孔数文章未为世所知孔罹主令性识所教以弟元

辉元辉自怜翁写之曰岂子声名未立应其奖成無

惜岂才能论傳说远消然静爱不安变迹哉日德

每经世户叔嗟曰经世户宾为無人披其帷世人所在

簇絡繹而為書，余笑疑之曰：可謂要言不煩。謝太

傅語王右軍曰：中年傷於哀樂，年在桑榆，自然至

此，正賴絲竹陶寫，恒恐兒輩覺，損欣樂之趣。王子敬

語王孝伯曰：羊叔子自復佳耳，然亦何與人事？故不

如銅雀臺上妓。明帝問謝鯤：君自謂何如庾亮？答曰：

端委廊廟，使百僚準則，臣不如亮；一丘一壑，自謂過

之。溫太真是過江第二流之高者。司馬太傅問謝

車騎：惠子其書五車，何以無一言入玄？謝曰：故當是

其妙處不傳。看世說（未彥(?)昇不為羣遊所心，不(?)嘗(?)執(?)仁(?)，情(?)聞(?)[illegible]）以得(?)頓(?)首舊每無力，日抱(?)家業，晴(?)渴(?)飲(?)若

賈思伯性謙退，士大夫停車下馬。客曰：以今貴重，寧
能不驕。思伯曰：衰至便驕，何常之有。當世以為雅記
寫詩四首送轉 聞船咏史是袁虎 世說卷六
想玄初月西岑領戴仁州府一國千仞想畫西愛佩
嗜書散燃之先生聽了上版，至即鈔版，晚時繁，然成帙
不相採擷。卷五 田舍兒強學人作爾馨語 支道林語
莊子逍遙遊於白馬寺，能拔理於郭象之外
十五首 寫筆恨精於圖 今趙君碑 看世說戲効他體
說卷六郭璞奏是積字 晚霜對文畫此

閒手書為寫意矣　南園坐禪閒話僕述翁跋語佚

秉康段唐灌陽師　白藥為薪謝

十六日　靈戴雨霽雨　午後偕文石東下過吳果卿

果卿以箋扇屬寫西湖詩許以他質本見饋西齋看世

説一卷

十七日　蕭南郡惠南思話子除少府意甚不得寺內所住處

花草甚美悉令劉除劉種白楊樹每謂人曰人

生不得行胸懷臆雖壽百歲猶為夭也

六日　為果清寫箋扇將讀[illegible]面見　看世説

二十日　樗齋[illegible]以閒居書帖圖令趙居卿寫博靜逸題自書也

十九日　世說王國寶構謝太傅於孝武，桓子野於帝前撫箏，

歌怨詩：為君既不易，詩聲節慷慨，俯仰可觀。太傅泣下，

乃越席捋其鬚曰：使君於此處不凡。　王仲寶小時，叔

父僧虔撫之曰：我不患此兒無名，政恐名太盛。手書崔子

玉座右銘貽之。　崔瑗座右銘見後漢書

二十日　王世將為郡家事送於石頭，倚舫樓長嘯，神氣

甚逸。丞相謂庾太尉曰：世將為復識事。太尉曰：此足舒

其逸耳。　李白登華山曰：此處呼吸之氣想通帝

座，恨不攜謝朓驚人詩來搔首問青天耳。卷十三

泰州志卷三十三藝文王安石贈胡翼之先生詩急人風

服善者起當時，踌躇今窘困。又閱張園題春雨草

堂空餘几隱稱南郭，未有文移自北山

二十三日　雨。讀蘇詩一卷，與子由相繼入侍邇英閣上尊

初破早朝寒。若緼仍霑詩舌乾，陛楯諸郎立雨起。

故應慚愧不儒冠。微生偶脫風波地，晚歲猶存鐵

石心。空似香山老居士，世緣終淺道根深。書文與可

墨竹　跋文與可四絕詩：一楚辭，二草書，三畫，四與

可嘗云世無知我者，惟子瞻一見識吾妙處。跋後七年題

稿本一葉此行下[illegible]

廿遠無而作是詩。華与予皆逝，詩今誰為彰，空遺運

斤質，卻弗斷絃人。送錢承澍赴廣西：憶當年我作

表忠碑，坐覽江山氣未衰。舞鳳尚從天目下，牧駒

告有遙淮海。錢子（若干）敦君為江南英，而作河朔偉人。間一

好襟懷似張長史。將筆（鄭孝胥猶用之，即本此也）字用舊唐書狄仁傑事。次

趙令韻於今年少無瓊樹。瓊樹用晉書王戎語

事。雨。百未己

二十六日　為文晦送廿九人釋人路經葉縣來此本光

緒戊申曾從段閣，今山陰葉易代矣，風燈

過穆思之惘然。世說中三十博覽古籍，嘗為名士，又恨眼前不見此人。王摩詰貯蕙蘭用黃磁斗，養以綺石，累年彌盛。嗜十孫子惕先生箸計庵碑目漢魏諸碑多精拓本，東鄉收藏金石家所僅見也。雨霽，魏處甫午後再過又惕，又留晚未膳，聽吾尊人所為糖人琺瑯擬鈔一通，送入省通志。

二十三日　寄揚州姚繼畬子刷板，并留惠我侯本一品玉花斑駁精品也。訪過孫君，耐冷脫瘴，諸閣刻晚春蘇詩一卷，跋敘奈薑注壽伯

二十四日 讀文毅汪校爲侯廣叔文出 仿佛述蒲首叔

傳錄 過文澗 陪笙甫叢午飲 校錄高和

父遺詩三首

二十五日 梁簡文云文章未墜必有英絕領袖之者 爲江

蘇詩徵阮文達叙 而語爐懷舊之蓄念 發思古之幽

潛德之幽光者知 遇吳果卿

二十六日 金保生日 獲揚州函催取磚冊副板付去[illegible]

鎮江勇敢軍專招李靜菊久無信來極念

二十七日 看蘇蘇戲讀 世林王后帝王龍氣深穴平神

邱之下以避薰蒸爲亭榭以避燥濕之患而曾之嶷之

無知　寫舊作題紅豆書詩四絕句[redacted]　過孫文來爲

逍遙乎　莊子齊物論王倪曰至人神矣大澤焚而不能熱

河漢沍而不能寒疾雷破山風振海而不能驚若然者

乘雲氣騎日月而遊乎四海之外死生無變于己而況利

害之端乎　蘇詩哭歐公故人已爲土衰鬢亦驚秋猶

喜孤山下相逢說舊遊記孤山僧惠思　公與歐公交誼可想見也

二十九日　校文先生年冥壽　撰文　看蘇堪詩　見吉

景顏略譚　晚大雨　匆景苑看蠟瓶掃

三十日 正是春歸卻道悔斜街長日見花飛茶能破睡人終倦詩與排愁事已違微 三十不省 寧有道一生負氣竟全非雖宵索共紅塵醉偃波無端飲滿衣蘇戡春歸之作讀之令人惘惘 看蘇堪詩鈔 石印本缺末兩卷 蘇老曾以精刻之本見詒字大行寬佳品也

吳眾卿送箑扇來寫石 放雄渾蒼厚

仲夏之月

初一日龍亦鬯非甫為陳諸鄉書筆臨趙君碑

看江蘇詩徵一卷中選高要羅悵玉詩兩首

首梅柏楓簃園詩序陳芝楣先生從容處猶治不

勞矜無驕功建無偶績懿事白之遺風修邵治

之舊貴忽其為之勞而職之劉也名其園日窗園先

生之言日治煩者必置以於萬事之外乃可以盡其

物之情此吾園之所以名也殆訓言乎之以為治

其於是與鍾儒鴻先生游於園共樂而觴之其記之於上

元梅曾宛也。過正安路譚端午（景范）薪修事

三日 梅巢研位函述樹奇壽樂詩叙能文章之此人生修也

非如世人之但文於世而已也。曾文正以劉霞仙書命

也。若彼蔭蔭之也。吾之所無如何者也。學也，故人以曰主之

吾之所能自勉者也。以三周先生詩校王史

四日 通鑑無紀四五融三十卷為錦背庭值樂樓歎

因為尔蘇也。鄉局咲俗子行逢迷雅樹開喧湫不得

過植東壁嘆西東前無人騎何須彌丈想 過崇伯

路譚 晚後通鑑南北朝 静光寄副板来

晉過吳興采箇以去吳昌碩影片餽錢辛楣

彦陳東橋蘭跡，嘗從吾鄉徐君處見之，未審譜研堂集

也入吾。蘭之名見於三百篇，自楚騷題詠而世益貴

重。清芬疏越，超然百卉之上，鄭所南、王元章

筆墨高逸，不唯自然無肖，似謀以肖手性情，蓋由

人品卓絕，非塵凡工於一花一葉之間。吾友陳君東橋

學識而品潔，言論尤精於蘭，蒼秀，撫

從十指間出，於蘭之真趣，足以似之。東橋自

此不凡矣。丁未臘月望日錢大昕題

六日 發揚州函謝靜翁 收劉札為抄催件明日發

七日 校高王文詩畢 寫一草本 贈一觴 盧樸詩

一過同鼎老過孫太先生 大雨兩日

八日 精微熱 思古發幽情 相將出郭門 崇祠方從泥潦

流潦太縱橫 直以精神接 憑茲仰慕誠 奔走難一竭

北往河湄 謁先祠 題歲老寫梅花水仙 今之梅道人遺

廿一枝 扇萬花千齡 紹辨香方外 渺渺兩儀 湖仙鄉

即水鄉 人間煙火絕 配水僊 王以上寫南 先生以文

四字題水仙詩 討原三百跨津 魏洪詩唐末律 連

元明處獨與何蜀勝國老趙宋王抱蜀江為佛學宗
海疏瀹萬派尋原校壯歲所諸山並嘗請為原籍現
並鴻秋老病肺促喘於中吟詠神形之體抱殘守闕
僅第錢得命乃有千鈞恩當仁不讓程所謂錢晚歷
孝以壞儀門內權相傳儀衰悉也猶勝河汾歸
徐硯文東寶文起鼎遞相與文儀鈔他鄉一步後學校
奉老嘘嘆嘆半生百無用唐唐愁勝小學者爲佝助
記拾張勝文集廿卷大綫精考證詩表溫出四義通
此賦與佛殊具有之一人權且稱顏回志色发醬晉春秋、

秉相思心緒常不見目屬聘學使執掌人才乃授增

世界而心同松木氣必應得龍喜可知照望武同

滕武同志鼻哨有渡臺灣海峽夢魂想萬風濤擊艦底此時

驚雷不停迅鳴轟水倒峯鏑洞洞殘骨燃焰絮

性命鳴毛錘陰極轉今已太平血然又動澹泉懸興

敵樓船戰收部甲午中日之役向舟一棹者堤村風景傍

佛桃花源雞堆當門屋九梛茶葉戰水波不渾減

堂孝廉峙年佳雖當圖說而今存鄭鄉之上杜當

道倘取小文饒慕門時逢甲午務書澎水城南樓翔翠嶶

隻輪車上指區從兔　禾蝗追蛙蝦過激水魚爭蹌島
秋刺眼生機皆狹隘傷往事尚依稀十年長別
吾儕若不戰因君淚亦偏康灣遇吳湘鴻隱　以上皆
以宴所此視山谷后山無多讓也
九月　梅花大開晴艷　紹興專冊起劍板倩工整治之
十月　為朱茂、胡題雪月梅花障子　其屏曾見時擬於
艷冰輪為寒映橫緋朱紫俟昔誰知窺識　看羅
浮一樹花影路似蘇花西兒　惜昔日以沈君手自改存遺不復常大
十一月　太玄劉卦劉至此歎利以興織冽日劉廿此歎恐不覺夫

文藏心於術，美厥豐根。語袁生也。鈞　白居先生續文釋帖

翕卦：翕屬觀朋友助也。又童卦：大閎惟幕，以引方客明

見依明也。又進卦：進於淵，君子用船。測曰：進淵用船，以道行

也。又少卦：貧貧或貧，人莫之振。測曰：何足數也。溫公語：小人貧不彌為不費何足

數為矣。測曰：人莫振之。太玄將卦：小子在淵，丈人播船。注：小

子謂五揚也，在下稱淵中。蘇在淵溺，丈人播船而濟之。

十言　闌廟祀神　過心南師年飯略譚

十言　同金保武恒蓋看貞　寫石鼓文釋文　業伯所屬

欲文往鄉　三國志胡質傳：帝問胡威：何如其父清？威曰：臣

大詩人如〻，屋詩人不知，是屋不知者遠也。看圃起

十四日　看丘壑詩一過。朱虔送來箑面，陳亦甫來（即付全保）。昔嘗聞

四日矣。心南叔題後庭遠稿，過從歡笑，憶當時爭君

垂老絕妙詞，題跋傳然，鴻印小樓名，玉竟韵安度男

晚識字終非福，何𢡟擇囊書所悲，師友半生謀，不移程

知地下一軒風徽愛（齋）以書萬高題，並為塾傳隸篆臨

闓合趙君碑。夏至

十五日　碑傳集，全祖望先生鮚埼亭述學派、天及動靜說（理學數）

點皆真切有味。撥又讀李朋，晚看碑傳集跋文，故物也

十六日　庚戌年白老為余寫紈扇，附以小圖，合成一裱幅，清厚翁渾，是寂經意之作，為余藏家老畫當以為快。[illegible]五月十[illegible]日[illegible]識

十七日　看碑傳集、李審言學製齋駢體文、審言近[illegible]

（原件此處遮蓋）

再[illegible]思之[illegible]然　蓋久近事記論的大業都[illegible]勉勵[illegible]
惟[illegible]後[illegible]為為詩[illegible]思[illegible]必見諸著述論[illegible]為為[illegible]小[illegible]
乎
[illegible]見[illegible]色[illegible]為[illegible]民以[illegible]居民[illegible]

思翁善作書又風至有錢財勝有收於觀若不以國所共

見者為錢而但求以所至揚者為難其亦藏之有藏刻佳

其文續編南園故物也詳作集文字數王士禎手遺傳

白翁東子既子時錄之西樵既歡喻集魚島堂所見

林之語清白詩句之傳堪傳之人付其於為之維常歡賞之

浩然之見吾數南所來西塘能不說子為揚州司理近於

今郎相見持之而至都不及出難將相見直取一巨編置

翁既來收另詩換紙於持別差遣餘人故吾散盡

周書大令實來府城文書為五言云似未不逝庚似

農部讀書似工不操心，似新河弁越，並有家藏李野
萃舫墨白粉墨田神蹤美劉方坤厲徵君柯健老等
樞子鐵様咪蓮，萬不剪門無雜，實法書名畫，眾無藏
錯之論，若其香家無程數，冒而為葛蹈，世誦播
外無往還，稍接之，生平諸號，皆工而詩學尤邃，樸許
水而外，別擅一壑，豈獨天分之優哉。看碑傳集證學文
學類 李刻桃花館無意詩之
十九日 桃花館旌生家狀臨川 先生曰諸君皆
叙後人來見之集刊讀人所索書此歲

行状汪大绅著撰碑传集一百四十五沈廷芳王孙史草

传画为修旧乱泉於穀维通儀黄叶林间自着书

王尚书士祯题其遗画之语为王黄叶以媲太仓崔子詹

又册中裁钦氏附传集卷 二十三 前史学 先生传 传文 十 先生为之题

璟笔氏有卷册子全祖望鲒埼亭集先生神道表 先生名 王之

鸿学当继编以毛诗传澍然为风家天一钞香泉拜

母居无愧 高世泰见无锡志 疏露生见吴梅村诗 高万先见国朝

十 十 学梅 姜安节见女初学诗 姚宗见同人集

二十五 看桂之华轩诗钞 朱昂君箸 列女传封淮拾

家范女师德象之为 君子经垂为同 之之言一临之志 也进

柗同列樊姬之德 辉 且之诫

之志也。私以為杞梁妻孝之行也，及屈原殉忠而孔儒歸命焉。

詩曰：有匪君子，如切如磋，如琢如磨。其性德行之謂也。

二十一日　王韜海家中　驕熱　子曰西堂云：夫子論成人曰，見利思義，見危授命，久要不忘平生之言，亦可為游俠立一佳傳矣。

香港筆叢六引　文昌閣樓重建後張文襄題聯：江漢中興，賴諸君竭力匡持，莫但賞樓前風月；輶軒訪文獻，記早歲放懷遊覽，曾飽看春暮煙花。夜如殘夢，短窗比亂山多。梅林路　吳園次詩　秦淮楊氏有停艇聽笛詠冰薛雪庄速　六朝金粉十里笙歌

晨夜宿舟遊寂難忘北海家情西園雅集　九曲晴

後三生另彩屬意依然好丹青吏東山並竹南部

烟花　過勉齋盼譚一切

二十二日　午後大雨　澄甥得冒之　案書五箋　到劉獻

廷廣陽札記　江甯吉坦然少陵覓葛人詹從永德甥

三德　無事　李鄭倦爲□相與人所以此長安郭倦

待以蹤跡及鄭倦卒以作白鶴　精小寄緣有萬里

飛來爲霧鶴僧家丹鳳倦枝相之句□□守山□□

讀書賈氏譯録

二十四日　大雨徹夜　遂燒高麗美□□是一滴　有案香

越縵堂日記

邈華務違懷 致靜岑函由一隅寄 金武祥事（是歲粵閩詩鈔刊成）

人士十餘先辛指南海社方開知幸會濟南合

寫樓往踐之切詳脱佳錄也

二十五日晨變中食處處晚蟬 涼似初秋雨為之也

二十六日 晴熱 看少儀外傳守山閣本 宋呂祖謙著

其中開引世說顏氏家訓 多精要語

以筆面見呂君壽伯畫山水 呂君得之陳氏女子 子巖名為

多 呂君述少昔親承陳翁指授也 即子巖叟 時已七十逾矣

旭東問來畫未贈

二十八日 受伯為余畫扇，倣董華亭穠秀深遠極清意之作，然後知學有師承者，迥然不尋常也。看海藏樓詩鈔。此扇後以贈費某某書

二十九日 熱甚。閱楊[illegible]兆，夜乃大雨，熱稍解矣。

讀石林[illegible]半人使[illegible]齊腰[illegible]新殘清書[illegible]肯[illegible]打退[illegible]書[illegible]例，冥合[illegible]根[illegible]之[illegible]題忍天水[illegible]桐君[illegible]得樽[illegible]奔中若不速[illegible]千秋了事，遂學[illegible]人[illegible]同樣[illegible]之書以[illegible]氣尚[illegible]乃知成敗論[illegible]俗儒[illegible]一笑毋多言進[illegible]中[illegible]為楊述[illegible]跋[illegible]帖[illegible]年十二月作

六日 賴 蘇戡先生六十壽以詩 藏海一樓幽 郵居同

騷獨世何論 貌箌年衹記先叢 肩託詩成史 無慚秀

是鄉月 巖新農生鉏（先生去年為題偃隱 有用竹汀名研事）請為農家鉏

二日 過旭東 投以楊峴分書聯

三日 鮑子丹家弔 見一齋 述靜山近狀 闊別已三月矣

閱廟祀神 見寂老為遠亭寫薇樹小屋 直暢風趣

獸多 當是中年作也 東行謁星實 未遇 見海藏與

桃閣書筆法超渾 雄似道州（昨夫人見柳州志）月塘閣步過勉齋

四日 旭東送來默飲光字直幅 風致勁秀可愛

五日 張謙亭元在傳書來，尊崇董論醇詞之門下

生字見孔光傳，黃霸傳載相者事

六日 看東萊詩李高書挽詞甚佳，又從鮑鄭見該書一百卷

三晁以詩札經叢一篇，惟本經訓，詞藻縱横，有見地

之作

七日 為陳硯臣病，兩過安居菴略作事

八日 海藏來札，僕生於庚申，今年五十九，天作

甚殊不敢當，自幸以來，挽言罵世，核就后殘字家

不設備，目錄為千冊，莫稱不畏權於卷生之說，非所

慕文汝侄通士仁兄有道 芬晋再拜 九日寫四詩附 壹坐兄招本寄趣

十日 去雨 納何日臞故卦久（出東坡詩用之） 略理楼頭積什

十一日 發鴻篇吏李藝（襄寄一字十四字）處受函件 右唐宋代詞選鴻夢

老芬本極精撥劉文允所惠 城南遊之宗武閣補款

之別 雨改（挽住里堂之義倫之）眺遠更暑改佳

十二日 情熱去年伏雨日矣 杜贈李二年客東都所歷厭

機巧機巧字說寫出世情可歎 蘇堪撤近來陳仙蓮半

生生家好如此此情之之善追懷盘山覆五湖依詩寫教思

君詩深婉真有風趣之作

十四日看惠溧陽集。忽不能盡(?)。虞仝書。船歸淞。書船平安歸。
喜把鄉里寬救拯拾遺，些策徒托空虛，下無犀士便上
為雲霧屬。又不能實空談，但能實工夫，實宗之理數
剝相起齊。傳書荒蕪多。為君勉勉，鈍鈍不敢專傳
之方在後。休沐半日。下午遊南園。晚看畫集及古
仿宋精白可喜。卷九論張碧集。天寶太白後六義亡
清歌大雅國風本衰而王澤竭。先生今後生斯文信雅
缺下筆證興亡。陳詞希風骨，高致爲奏琴。陶簫一論
風雅依樂詩，實困救不俾廢。又卷二……

563

十五日 中伏 连日饱中不快 杨滨石来 言博砚事
十六日 热 晚大雨 东元来 病 江墨藏尤妙
十七日 晴 南园后题心画册 有李巍然 张寿老 郑
海藏及林衡宇自题词 大暑节
十八日 热不可当 正在中伏之中也 东电祝寿
十九日 上马浮大有 风凉 有秋意 去立秋十日矣
廿十日 看范晔后汉书叙 世人不能尽知 多贵古贱
今 所以称情狂言耳 又患书难成 亦有意笔势
不快 然余意不能文 体大思精 亦叙中语 热

气甚盛　又来剥嫩学阅晚报　以四年三十号报　殊为

向晤

二十二日　丁达侯验归　未大雨一阵　晚中身十五日

以後时觉不快也　今未愈　沐浴后稍可

二十五日　东涧馆火

二十八日　南园读帖　得宋蔡君谟字

二十九日　见宋拓石本　蓑翁先生为写擅书十

录年谱　矣　戏义完　好精新爽　可以观　喜矣

三十日　看鉴赏志　写蒙语字上数六　乐也　检房後

由墨帅叟任中丞及予并寄兄君台谐避桃源録

梅边亭子竹边风，添种梁园一捻红。不识装池极绝艺，

画图兼似帅聂工。过眼云烟记不胥，君尉争藉

理签縢，钱山剩水成完幅，想像张琼树，不能复观者。

未见张琼树紫李见，

几代名画记、赵孟坚、

赵孟頫，

吴竹塘题紫霞，欣然勤手卷

题春山观研录，钱陆游思录，繁英瀚与苏轼序

注：赋谐予梦，史未编卷十六，度卜翻卜律，

周霍会中岁马子豪思目新兮，见音书，洞庭录后图

他日相逢王撫墨點也慕先絡壺橫圖極元鄰近諸

秋室中左內逸文青敘撻狒六片鉛老有近榮入南中先用

集鴻檢詩鹹蘩卑綃菲韶康熙安劉譜管生 甕翁谿

唐承安志、康熙粵紹言有劉説錄、春渤

齋詞有朱竹垞史竹垞年譜文瓚高儼然知律

若拜情深郡姊疑 又年欣白鍊晨王羲獻之事 又

細似楊元帶補之路梓顏安之清風養紅對赤日最高樹

說題高的使南山詩卷十七

卷十六近來之書 近來論詩書序爲詩不及歸田七品數

直待書坊方陳起江湖諸集應新刊瀛奎律髓
錢唐陳起宗之能詩刊江湖集以售 猶可[illegible]權濟
宋詩僧文瑩[illegible]園舊雨圖觀南孔雀翠翎張其彩
稱、寶[illegible]謝[illegible]月遊詩舊[illegible]浮遊年[illegible]錢陽
又君年遠鏡歌為家人食思[illegible]四體一雅為字序
中有道古樓積書萬卷 古銅器遍[illegible]書錄藏
所云[illegible]塔其近之集詩卷十七
[illegible]初一日 周生老叔揚州師範[illegible]樓詩草兩大錢 菊坊先生寄
来逛此院君墓老遊杭州 陳研齋病卒 [illegible]惜抱全集[illegible]二十册

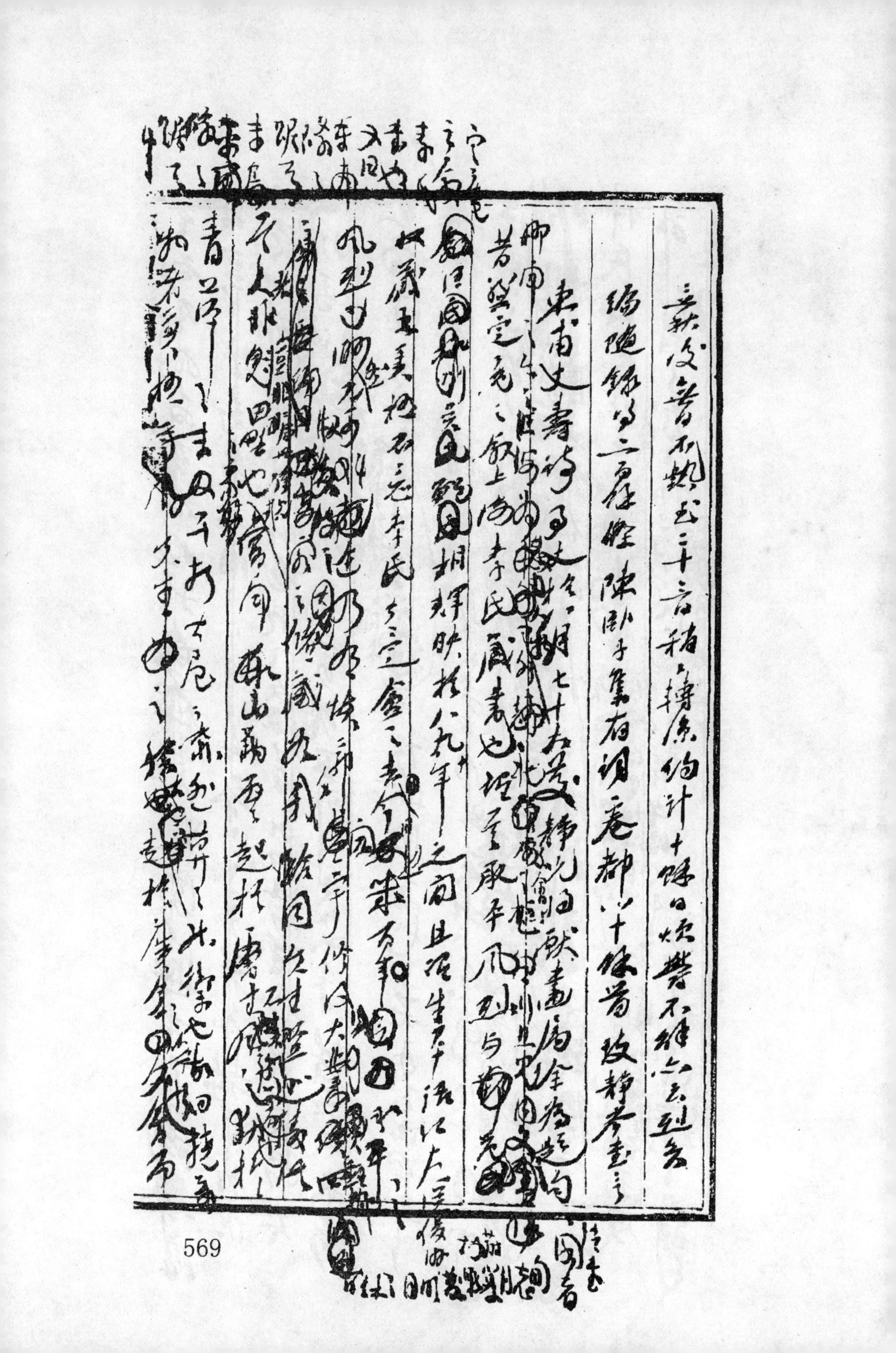

三獲俊音不執，武二十言稍稍換原，綯計十條日煩難不能亡去題矣

編隨錄卷二二屢經陳臥子集有詞卷，都八十條節改靜卷畫

東甫丈壽詩多支……七十太老……

昔從堂兄之敍上海李氏藏書也，經屋取平凡列与……

[illegible]

書到今[illegible]風氣[illegible]殊於[illegible]書建國[illegible]不[illegible]初[illegible]

其[illegible]古[illegible]也[illegible]亦[illegible]可[illegible]作

見[illegible]書不[illegible]今

收[illegible]用[illegible]手[illegible]

[illegible]用[illegible]

[illegible]用[illegible]用[illegible]

[illegible]

[illegible]

[illegible]民[illegible]人[illegible]我[illegible]

[illegible]

《魯學齋日記》所涉人物簡介（1887—1911）

光緒十三年六月起：

1.［余、鳳池、我、城、鳳墀、曾甫］

吉城（1867—1928）：東臺人（祖籍鎮江丹陽），字鳳池（鳳墀），別字經郛、更嬰，號曾甫（曾父），吉煌次子，著名學者。光緒二十二年貢生，二十五年東臺「青冰文會」、二十九年東臺「能群書會」發起人，三十一年二月創辦東臺「能群學堂」，三十三年在南京參加「國學研究會」，清末出任「南京上江公學堂、安徽廬州府中學堂」教習及「東臺縣中學堂暨師範學堂」教員，晚年時講學於東臺「樂學館」。撰有《論語問答》、《左傳旗考》、《莊子閑詁》、《楚辭甄微》、《孫卿賦章句》等國學論著三十餘部。

2.［虎兄、虎臣兄、夏虎、夏虎臣、虎翁、虎、虎卿、澥岑、澥兄］

夏寅官（1866—1943）：東臺人，字虎臣，又字澥岑，吉城學友，學者。光緒十四年舉人，十六年進士，授翰林院編修，二十九年東臺「能群書會」成員，三十一年十月起任「東臺縣中學堂暨師範學堂」堂長，民國初任國會議員、肅政廳肅政使。著有《清儒學案》等。

3.［曹鑒翁、鑒殷、鑒翁、曹鑒、鑒纓］

曹鑒殷：　東臺人。

4.［作舟兄、作翁、作舟、汪作舟、汪作翁］

汪濟（1866—1902）：東臺人，字作舟，別字震齋，吉城學友，學者。光緒十四年舉人，二十三年創辦東臺「三賢書院」。著有《震齋集》等。

5.［三兄、崇如兄、崇如、崇兄、崇、家崇老、宻如、老崇、三哥］

吉墉（1866—1920）：東臺人（祖籍鎮江），字崇如，吉煥次子，吉城的堂兄、學友，學者。

6.［六弟、楚弟、楚］

吉逵（1870—1923）：東臺人（祖籍鎮江），字楚南（楚生），吉煥三子，吉城的堂弟，學者。光緒二十九年東臺「能群書會」成員。

7.［五弟、恭弟、恭、恭甫弟］

吉塘（1870—1944）：東臺人（祖籍鎮江），字春波，號恭甫，吉煌三子、吉城胞弟。

8.［范彝翁、范老］

范彝翁（1811—1900）：東臺人，琴師。

9.［二兄、芝、少芝兄、少之兄、二哥］

吉均（1864—1923）：東臺人（祖籍鎮江），字少芝（少之），吉煌長子、吉城胞兄。經商，從事典當業。

光緒十三年七月起：

10.［伯父大人、大伯父、伯父］

吉炘（1834—1903）：東臺人（祖籍鎮江），字景之，吉城的大伯父。

（光緒十三年九月）

11.［李吉兄、吉兄、吉齋兄、吉翁、吉齋、吉亝］

李吉齋（1851—？）：東臺人，吉城之妻李氏的兄長。

12.［父大人、父親、父、吾父］

吉煌（1841—1896）：東臺人（祖籍鎮江），字彩堂，吉城的父親，經商。

光緒十三年九月起：

13.［楊楚翁、楊三、楚山、楊楚山、楚丈、楚三丈、楚老、楚山丈、楊楚丈、楊楚老］

楊楚山（？—1910）：東臺人，醫生。

14.［吴杏翁、杏廔、吴杏樓、杏廔先生、杏老、杏公、吴杏老、杏樓先生、杏翁、吴遨甫、遨甫、吴杏廔、遨翁、遨老］

吴春炎（1859—？）：東臺人（祖籍儀徵），字杏樓（杏廔），號遨甫，吉城學友，學者。光緒二十五年東臺「青冰文會」成員。

15.［吴融甫、吴融、融甫］

吳融甫：東臺人，吉城學友，學者。

16.［福弟、姚弟、福、姚］

姚福：東臺人。

17.［俊民兄、俊民、俊、畢俊、俊明、畢四、畢俊民、俊翁］

畢俊民：東臺人，後寓揚州，吉城學友，學者，精醫學。

18.［杜海翁、杜海嶠、海嶠先生、海翁］

杜海嶠：東臺人，杜之華之子，杜上池之父，中醫外科醫生。

光緒十三年十月起：

19.［漢卿母舅、漢卿舅氏、母舅、漢母舅、漢舅、大母舅、舅氏］

錢漢卿（1843—1909）：興化人，吉城的大舅父。

20.［繼聲兄、濟深哥、濟聲兄、繼兄、繼聲］

汪繼聲（濟深、濟聲）：興化人，吉城學友，學者，畫家。

21.［二伯父］

吉煥（1837—1891）：東臺人（祖籍鎮江），字蔚廷，吉城的二伯父。

22.［大兄、大哥、少廷、廷兄、堂兄、潤如兄、潤兄］

吉堂（1861—1926）：東臺人（祖籍鎮江），字少廷，號潤如，吉煥長子、吉城堂兄。經商，清末民初時「東臺縣商會」副會長。

23.［袁少鶴先生、少鶴先生、少鶴舅氏、袁紹鶴］

袁少鶴（紹鶴）：　東臺人，吉城大伯母袁氏之弟。

24.［伯母、大伯母］

袁氏（女）（1839—1902）：　東臺人，吉炘之妻，吉城的大伯母。

25.［張虎翁、虎翁、張虎臣、張虎丞］

張虎臣（虎丞）（1854—？）：　東臺人。

26.［陳心翁、心蘭、心兄、星南、陳五、星翁、星兄、星、蘭宧、心翁、星老、樸翁、陳蘭翁、星公、心南、蘭宧、丹徒陳君］

陳祺壽（1862—1929）：　東臺人（祖籍丹徒），字星南（心蘭），號蘭宧，吉城學友，學者。光緒二十九年「廣東大學堂」教習，三十三年南京「國文研究會」成員，清末安徽「廬州府中學堂」教習，民國元年在東臺創辦《東臺日報》，後赴南通出任「南通圖書館」館長。著有《武梁祠堂畫像字考》等。

27.［樹人、陳六、輔清、輔清兄、陳輔清、陳培壽、黼卿、輔卿、心蘭弟輔卿］

陳培壽（1867—？）：　東臺人（祖籍丹徒），字輔清（輔卿、黼卿），號樹人，陳祺壽弟，吉城學友，學者。光緒二十八年舉人，清末安徽「廬州府中學堂」教習，民國十四年起「東臺縣立初級中學」國文教員。

28.［王益翁］

王益翁：東臺人。

29.［蔡禹、蔡三、禹言兄、蔡禹言、禹翁、禹兄、禹、蔡禹翁］

蔡慶昌（1860—？）：東臺人（祖籍丹徒），字禹言，蔡慶生之弟，吉城學友，學者。光緒二十五年東臺「青冰文會」成員。

30.［吳簡齋、吳簡翁、簡齋先生］

吳簡齋：東臺人。

31.［蔚如、劉蔚、蔚翁、蔚兄、劉蔚如、蔚］

劉蔚如（1859—？）：東臺人（祖籍鎮江），吉城學友，學者。光緒十四年舉人，二十一年進士。

32.［夏子翁、夏四、夏子、子良先生］

夏慶生（？—1890）：東臺人，字子良，夏寅官的祖父，學者。同治七年貢生，候選訓導。

33.［孫師、仰吾夫子、孫景樓、孫景、仰吾］

孫大生（1846—？）：東臺人（祖籍丹徒），字仰吾，號景樓，吉城的老師，學者。光緒三十二年在東臺集股開辦「普濟內河輪船公司」。

光緒十三年十一月起：

34.［鮑聲甫先生、聲甫先生、鮑聲丈、聲丈、鮑聲老］

鮑振玉（?—1894）：東臺人，字聲甫，吉城學友，學者，精書法篆刻，晚清貢生。

35.［李姑母、李姑、李外姑、姑母］

吉氏（女）（?—1905）：東臺人，吉城的姑母。

36.［蔣蓮翁］

蔣蓮翁：東臺人。

37.［唐月翁、月川、唐月兄、唐月川］

唐月川：東臺人。

38.［恭甫兄、恭甫、楊恭、楊恭甫、楊恭兄］

楊葆寅（1858—1933）：東臺人，字恭甫，號避庵，醫生，學者，吉城學友。宣統三年參加辛亥革命並從武漢返鄉主持東臺光復大業，東臺光復後首任「東臺縣民政署」民政長，民國元年九月辭官，後出任「武漢中西醫院」院長。著有《匡廬避暑日記》、《東臺民政事略》、《柿軒遺稿》等。

光緒十三年十二月起：

39.［沈仁、仁卿、仁卿兄、沈仁兄、沈仁卿］

沈仁卿：東臺人，學者。

40.［丁三夫子、書農夫子、書農師、書農先生］

丁書農（1833—1902）：東臺人（祖籍丹徒），吉城老師，學者。

41.［薪樵、薪翁、朱新翁、薪］

朱薪樵： 東臺人，學者。

42.［東坎汪、汪嵩甫、崧甫兄、崧翁、汪崧翁、嵩甫、崧甫、松甫］

汪嵩甫（崧甫、松甫）： 丹陽人，學者。光緒十六年進士，戶部廣東司主事。

43.［李木翁、李木清、木清、木清先生］

李木清（1843—1901）： 東臺人。

44.［柳楚、柳楚翁］

柳寶善（1850—1891）： 東臺人（祖籍丹徒），字楚書，號芝生、嵩嵒，柳繹如之子，醫生。

45.［容保、孫容保］

孫容保（1875—？）： 東臺人。

46.［母親、母、吾母］

錢氏（女）（1843—1917）： 東臺人，吉煌之妻，吉城的母親。

47.［楊錫三］

楊錫三： 興化人。

48.［張厚翁、張厚］

張厚翁（1851—？）： 東臺人。

光緒十四年正月起：

49.［蔣卿翁、蔣卿、卿翁、蔣卿雲］

蔣卿雲：　東臺人，醫生。

50.［楊屏翁、屏翁、楊屏丈］

楊屏翁：　東臺人。

51.［笙甫師、丁師、丁六夫子、丁少農、笙師、丁君笙甫］

丁少農（1853—？）：　東臺人（祖籍丹徒），字笙甫，吉城的老師，學者。

52.［式金、汪式金］

汪式金：　東臺人。

53.［王厚翁］

王厚翁：　東臺人。

54.［丁次兄］

丁次兄：　東臺人。

55.［乃輝表弟、輝弟、錢弟、輝、乃輝］

錢乃輝：　興化人，錢漢卿之子，吉城的表弟。

56.［張協翁、張協］

張協翁：　東臺人。

57.［元侄、元官、榮恩、兄子榮恩、明村侄、恩侄］

吉榮恩（1883—1923）：　東臺人，字明村，乳名元官，吉城堂兄吉堂長子，學者。時吉城塾館學生，清末「鎮江中學堂」學員。

58.［申甫兄、申甫、祝申甫、祝申翁］

祝申甫：　東臺人，學者。

59.［余杏翁］

余杏翁：　東臺人。

60.［嚴柘、嚴柘湖、柘湖、柘翁］

嚴柘湖：　東臺人，學者，醫生。

61.［祝景兄、景韓］

祝景韓：　東臺人。

光緒十四年二月起：

62.［李延甫］

李延甫：　東臺人。

63.［鏡清姨丈、何鏡清、三姨丈、鏡丈］

何鏡清：　興化人，吉城的三姨父。

64.［竹卿］

畢竹卿：　東臺人，畢俊民之弟。

65.［祝子翁、祝子鴻］

祝子鴻：　東臺人。

66.［蔣楚翁、楚翁、楚翁洎、蔣楚老］

蔣楚洎：　東臺人。

67.［殷君翁］

殷君木：　東臺人。

68.［趙寬兄、趙寬甫、趙寬翁］

趙寬甫：　東臺人。

69.［頌杉老伯、嚴二先生、嚴頌丈、頌杉丈、嚴頌三先生］

嚴頌杉（1822—1903）：　東臺人，學者。

70.［錢茂齋、茂齋、懋叁、茂公］

錢茂齋：　東臺人，吉城學友，學者。

71.［趙壽兄、趙壽］

趙壽卿：東臺人。

光緒十四年三月起：

72.［王春翁、春海兄］

王春海：東臺人。

73.［笏山、笏山丈、王丈、笏山老、笏老、笏丈］

王會圖（1836—1892）：東臺人，字笏山，學者。同治六年舉人，清末「格致書院」閱卷。

74.［殷式如、式如］

殷式如：鎮江人。

75.［范湘翁、湘翁］

范湘翁：東臺人。

76.［張仲翁］

張仲柔：東臺人，學者。

77.［陸雲翁、雲衢兄、陸二、雲衢、陸雲衢、陸兄、雲翁］

陸雲衢：東臺人，吉城學友，學者。

78.［遜齋姨丈、姚遜齋姨丈］

姚遜齋（？—1899）：鹽城人，吉城的姨父。

79.［楊性翁、楊性、性翁］

楊性翁：　東臺人。

光緒十四年四月起：

80.［李殿兄、殿翁、殿兄、殿掄、李殿翁、李殿掄］

李殿掄（？—1892）：　東臺人，吉城學友，學者。

81.［伯石丈、陳白石、石翁、白老、白石先生、白石、伯老、白石丈、陳白老、白丈、陳白丈、白石老、陳窳老、窳老、窳、老窳、窳萌、窳丈、伯石、窳叟、東臺陳先生、窳安、窳傻］

陳汝玉（1844—1911）：　東臺人，字白石（伯石），號窳萌（窳叟），吉城學友，學者，書畫家。光緒貢生，光緒二十五年東臺「青冰文會」成員，光緒三十三年南京「國文研究會」成員，清末「東臺縣中學堂」教員。著有《漢書疏箋》等。

82.［履之、孫履之］

孫履之：　東臺人，吉城學友。

83.［芹官、芹兒、琴官］

李芹（女）（？—1906）：　東臺人，李吉齋之女、吉城內侄女。

84.［袁吉人］

袁吉人：　東臺人。

85.［二伯母］

劉氏（女）（1838—1881）：　東臺人，吉煥之妻，吉城的二伯母。

86.［徐捷翁、徐捷庵、捷庵、捷安、徐捷、捷翁］

徐捷庵（捷安）：　東臺人，吉城學友，學者。　光緒《鹽城縣誌》理董。

87.［湯夕翁］

湯夕翁：　東臺人。

88.［芷翁、芷薌、楊芷湘、子湘、芷湘、芷、楊子湘、蘅皋、楊蘅皋、蘅老］

楊世沅（1852—？）：　東臺人（祖籍句容），字芷湘（芷薌、子湘），號蘅皋，吉城學友，學者。　清末徐州府教諭，光緒二十五年東臺「青冰文會」成員。　著有《句容金石記》等。　其東臺寓所有一座三層高樓曰「凝暉閣」，俗稱「楊家大樓」。

89.［王嘉翁］

王嘉翁：　東臺人。

90.［楊叔翁、楊叔琹］

楊叔琹：　東臺人，醫生。

91.［薔官、祥官、祥侄、榮光、溥泉、溥侄］

吉榮光（1885—1923）：　東臺人，字溥泉，乳名祥（薔）官，吉城堂兄吉堂次子。　清末浙江湖州「德清農業中學堂」學員。

92.［王子翁、王子純］

王子純（？—1888）：東臺人。

93.［范又翁］

范又翁：東臺人。

94.［子明先生］

姜子銘：丹陽人，姜子澄之弟。

95.［譚潤、譚潤生］

譚潤生：東臺人。

96.［子久、楊生、楊子久］

楊子久：東臺人，楊屏翁子。時吉城塾館學生。

97.［丁幼翁］

丁幼農：東臺人（祖籍鎮江）。

光緒十四年五月起：

98.［耀廷弟］

耀廷：東臺人。

99.［內、內子、內人、室人］

李氏（女）（1866—1948）：　東臺人，吉城之妻。

100.［海弟、海秋弟］

姚海秋：　興化人。

101.［明弟、明遠、明遠弟］

錢明遠：　興化人，時吉城塾館學生。

102.［八祖母］

胡氏（女）（1812—1891）：　東臺人，吉城族叔祖吉槐之妻。

103.［馮鏡翁、馮鏡波、馮君、馮晉翁］

馮鏡波（晉波）：　東臺人，學者，光緒十五年舉人。

104.［吳、吳三兄、吳芍孫、吳灼孫、吳三、灼孫］

吳灼孫（芍孫）：　興化人。

光緒十四年六月起：

105.［大嫂］

笪氏（女）（1859—1928）：　東臺人，吉堂之妻，吉城的堂嫂。

光緒十四年七月起：

106.［景梁］

祝景梁：東臺人。

107.［保齡］

保齡：東臺人。

108.［坦翁、坦庵］

何坦庵：東臺人，學者。

109.［屬翁］

屬翁：東臺人。

110.［徐適庵］

徐適庵：東臺人。

111.［蔭棠叔祖、蔭祖、吉廷椿、蔭堂族祖］

吉廷椿（1821—？）：丹陽人（時寓南京），字蔭堂（蔭棠），號桂林，吉城的族叔祖，學者。同治貢生，光緒九年主修《雲陽吉氏家乘》。

112.［戈伯鴻、伯鴻、戈伯翁、伯翁、南樂］

戈銘猷（1860—1946）：東臺人，字伯鴻（伯洪），號二石、南樂，吉城學友，學者。光緒貢生，清末江西銅鼓廳同知，民國江西樂平縣知事。著有《慎園詩鈔》等。

光緒十四年八月起：

113.［劉六先生、劉子庚、劉子耕］

劉子庚：鎮江人。

114.［李實甫］

李實甫：東臺人。

115.［盧楚翁、盧楚丈、盧楚、盧楚卿、楚卿、楚丈、盧楚老、楚老］

盧楚卿：東臺人（祖籍鎮江），學者，吉城學友。光緒十九年舉人、二十四年進士，授官江西。

116.［應紹翁］

應紹翁：南京人。

117.［陳監臨］

陳公查：時南京貢院鄉試主考官。

118.［錢正兄、錢振兄］

錢振（正）：南京人。

119.［李光明］

李光明：南京書店老闆。

120.［李潛庵］

李潛庵：東臺人。

光緒十四年九月起：

121.［楊爽泉］

楊爽泉：東臺人。

122.［袁小薌］

袁小薌：東臺人。

123.［孫師母、孫太師母］

孫師母（女）（？—1895）：東臺人，吉城老師孫大生之妻。

124.［劉繼翁、繼翁］

劉繼翁：東臺人。

125.［王伯庸］

王伯庸：東臺人。

126.［元慶叔、四叔、培叔］

吉燦（1847—1889）：東臺人，字元慶，吉城的族叔。

127.［呂子純、呂子恂、子恂、恂老］

呂子恂（1854—1907）：東臺人，吉城學友，學者，光緒十五年舉人。

128.［王星齋］

王星齋：東臺人。

129.［張冰臣、冰翁、張冰翁、張仌臣、仌臣］

張冰臣：鎮江人，吉城學友，學者。

130.［譚先生、譚柳亭］

譚柳亭：東臺人，占卜者。

131.［朱次雲、次雲兄、次雲、朱次翁］

朱次雲：東臺人，吉城學友，學者，光緒十九年舉人。

132.［張佩蘭］

張佩蘭：丹陽人，門斗。

光緒十四年十月起：

133.［雨聲、卞雨翁、卞雨］

卞雨聲：興化人。

134.［鄒駿兄、鄒兄］

鄒駿：東臺人。

135.［吳堯翁］

吳堯翁：　東臺人。

136.［桂官］

李桂官：　東臺人。

137.［秋巖老伯、秋巖丈、秋巖先生］

陳秋巖（？—1893）：　東臺人（祖籍丹徒），陳祺壽之父。

138.［渭秋、味秋、劉味秋］

劉渭秋（味秋）：　東臺人（祖籍鎮江）。

139.［朱履和］

朱履和：　東臺人。

140.［宋午翁、宋叟］

宋午翁：　東臺人。

141.［蘭階先生、蘭階老伯、蘭階］

蘭階：　鎮江人。

142.［湯少安］

湯少安：　東臺人。

143.［蘇龍翁］

蘇龍翁：東臺人。

光緒十四年十一月起：

144.［郭六丈、郭應豐］

郭應豐：丹徒人。

145.［姜、姜子澄、子澄先生、姜子翁、子澄叔、姜子丈］

姜子澄：丹陽人，吉城學友，學者。

146.［金少雲］

金少雲：東臺人。

147.［殷旭初］

殷旭初：東臺人。

148.［張廷魁］

張廷魁：東臺人。

光緒十四年十二月起：

149.［男、兒、魁官、魁郎、魁兒、魁子、榮宗、榮忠、兒子、兒子榮宗、泰兒、榮泰］

吉榮泰（1889—1920）：東臺人，原名榮宗（榮忠），後改名榮泰，字通士（通伯），號東巖、守墨，吉城之子，學者。宣統三年「東臺縣中學堂」教員，民國「東臺縣景範學校」教員。著有《娱親室詩文集》等。

150.［李老太太］

李氏祖母（女）：東臺人，吉城之妻李氏的祖母。

151.［三嫂］

丁氏（女）（？—1906）：東臺人，丁書農女、吉墉之妻，吉城的堂嫂。

152.［黃公］

黃承暄：江西萍鄉人，光緒十一年至十六年時東臺縣知縣。

光緒十五年正月起：

153.［陳四先生］

陳四：東臺人，陳祺壽之兄。

154.［鄒二丈、鄒沛青、鄒佩兄、佩青］

鄒沛青（佩青）：鎮江人。

155.［明侄、明官、榮苞、穡夫侄］

吉榮苞（1887—1946）：東臺人，字穡夫，乳名明官，吉城堂兄吉堂三子。

156.［象三伯母、象三房伯母］

馮氏（女）（1830—1899）：東臺人，吉城族伯吉烺之妻。

157.［陳瑞西、瑞西、瑞翁、陳瑞翁、陳瑞西翁］

陳瑞西（？—1894）：東臺人，學者。

光緒十五年二月起：

158.［姚哲之、哲翁］

姚哲之：鎮江人。

159.［朱壽翁］

朱壽翁：鎮江人。

160.［劉四先生］

劉四：鎮江人。

161.［潘蠡翁、潘五先生、蠡湖、潘蠡湖］

潘蠡湖：鎮江人。

162.［尹丈］

尹丈：鎮江人。

163.［孔弼翁］

孔弼翁：鎮江人。

164.［貫之老伯、貫丈、貫之先生］

張貫之（1821—？）：鎮江人。

165.［吴漁之、吴漁翁］

吴漁之：鎮江人。

166.［徐公、徐功翁、徐功甫］

徐功甫：鎮江人。

167.［唐老師、唐公］

唐公：丹徒人。

168.［六舅氏、六母舅］

錢氏：興化人，吉城的六舅父。

169.［沈學師、沈老師］

沈學師：丹陽人。

170.［聞學師］

聞學師：鎮江人。

171.［程範卿、範卿］

程範卿（？—1890）：丹陽人。

172.［四母舅、四舅氏］

錢氏：興化人，吉城的四舅父。

173.［韓巨川、巨川、韓修甫巨川］

韓修甫：鎮江人，字巨川。

174.［吳南賓先生］

吳南賓：鎮江人。

175.［康四先生］

康四：揚州人。

光緒十五年三月起：

176.［呂炳南］

呂炳南：東臺人，府學。

177.［殷新翁］

殷新翁：東臺人。

178.［張兆］

張兆：東臺人。

光緒十五年六月起：

179.［載子叔、載叔］

載子：東臺人。

光緒十五年七月起：

180.［丁夫子］

丁夫子：　參加南京鄉試府學。

181.［李夫子］

李夫子：　參加南京鄉試府學。

182.［左夫子］

左夫子：　參加南京鄉試府學。

183.［盧夫子］

盧夫子：　參加南京鄉試府學。

光緒十五年九月起：

184.［王子佯］

王子佯：　東臺人。

185.［錫蕃老伯］

錫蕃：　鎮江人。

186.［潘樹華］

潘樹華：　東臺人，字小泉，號朴庵，詩人。光緒十六年舉人（副榜），傳世詩作有《鹽場雜詠》二十四首。

187.［周應昌、周嘯溪］

周應昌（1864—？）：東臺人，字嘯溪（效期），吉城學友，學者，精書法。光緒十五年舉人，二十四年進士，出任河南委川縣篆。著有《棲霞詩鈔》等。

光緒十五年十月起：

188.［陳季青］

陳季青：東臺人。

189.［張四、張四先生］

張四：東臺人。

190.［高姑奶奶］

吉氏（女）：東臺人，吉城的姑奶奶。

191.［吳會翁］

吳會翁：東臺人。

192.［汪頌言兄、頌言］

汪頌言：鎮江人，汪崧甫弟，學者。

193.［唐六、唐裕燦］

唐裕燦：東臺人，船主。

光緒十五年十一月起：

194.［汪錫翁］

汪錫翁：東臺人。

195.［子宜孝廉］

子宜：如皋人。

光緒十五年十二月起：

196.［馮四先生］

馮四：興化人。

光緒十六年正月起：

197.［錢繼翁］

錢繼翁：東臺人。

198.［悦老、悦丈、汪丈、悦庵舅氏、悦庵表舅、悦庵丈］

汪悦庵：興化人。

199.［炳南、二母舅、炳南母舅、仲舅］

錢炳南（1850—？）：興化人，吉城的二舅父。

200.［小玉］

錢小玉：興化人。

201.［小翁］

柳小泉：興化人。

202.［徐夫子、徐老、徐小翁］

徐小翁：興化人。

203.［汪潤鴻、汪潤兄］

汪潤鴻：興化人。

光緒十六年二月起：

204.［趙萃卿先生、趙丈、萃卿、趙萃丈、趙丈］

趙萃卿：興化人。

205.［仲妹、大妹］

錢仲妹（女）：興化人，吉城大舅父錢漢卿長女。

206.［淑妹、二妹］

錢淑惠（女）：興化人，小字如意，吉城大舅父錢漢卿次女。

207.［啟泰弟、啟弟］

錢啟泰：興化人，吉城大舅父錢漢卿之子。

208.［外祖母］

外祖母（女）（？—1894）：興化人，錢漢卿之母，吉城的外祖母。

209.［吳大姨母］

錢氏（女）：興化人，笪近仁之妻，吉城的大姨母。

210.［楊履翁］

楊履翁：興化人。

211.［蔣小石］

蔣小石：興化人。

212.［董小春］

董小春：興化人，醫生。

213.［瀚如從舅、瀚如舅氏、瀚舅］

錢瀚如：興化人。

214.［張十丈］

張十丈：泰州人。

215.［莊鴻兄、莊鴻翁、莊鴻宣兄、莊鴻宣、鴻翁］

莊鴻宣：興化人，學者。

光緒十六年閏二月起：

216.［鄭光叔、鄭光亭］

鄭光亭：興化人。

217.［鄭省翁、鄭伯］

鄭省翁：興化人。

218.［薛文翁、文翁］

薛文翁：興化人。

219.［汪三丈］

汪三丈：興化人。

220.［鍾天緯］

鍾天緯：興化人。

光緒十六年三月起：

221.［劉觀文］

劉觀文：興化人。

222.［汪四夫人］

汪四夫人（女）：興化人。

223.〔汪繼鴻〕

汪繼鴻：興化人。

光緒十六年四月起：

224.〔房壽巖〕

房壽巖（？—1890）：東臺人。

225.〔殷松年〕

殷松年：東臺「求志書院」學者。

226.〔朱逢甲〕

朱逢甲：東臺「求志書院」學者。

227.〔汪少湘、汪清麒〕

汪清麒：鎮江人，字少湘，學者，光緒十六年進士。

228.〔旭齋老伯〕

旭齋（？—1893）：東臺人。

229.〔汪雲逵、雲逵、汪雲兄〕

汪雲逵：興化人。

光緒十六年五月起：

230.［賡廷老伯、劉賡丈、賡廷丈］

劉賡廷（？—1890）：東臺人，劉蔚如之父。

231.［八妹］

吉氏（女）：東臺人，吉城的八妹。

232.［袁淡生、袁澹生］

袁淡生（澹生）：東臺人，學者。

233.［傅子蓴］

傅子蓴：東臺人。

234.［程蘭翁、程蘭丈、蘭畦、蘭丈、蘭老、蘭畦先生、蘭頤］

程畹（1831—1897）：東臺人（祖籍儀徵），字蘭畦（蘭頤），吉城學友，學者。著有《嘯雲軒詩文集》等。

光緒十六年六月起：

235.［王作舟］

王作舟：東臺人。

236.［潘祖蔭］

潘祖蔭：吳縣人，學者，藏書家。

237.［孫詒經］

孫詒經：東臺人，樸學家孫詒讓的族弟。

238.［毓琳、琳弟、育琳］

李毓琳：東臺人，李吉齋幼弟。

239.［楊雁翁］

楊雁翁：東臺人。

240.［吳九翁］

吳九翁：東臺人。

241.［王英冕］

王英冕：丹陽人，學者。光緒十七年舉人，二十年進士、翰林院庶吉士。

光緒十六年七月起：

242.［江四先生］

江四：東臺人。

243.［陳竹坪、陳竹平、竹平、陳竹兄］

陳竹坪（竹平）：東臺人，陳祺壽、陳培壽之弟，學者。光緒二十九年舉人。

244.［程揖翁、程揖丈］

程揖翁：東臺人。

245.〔張西箴先生〕

張西箴： 東臺人。

246.〔綬卿〕

張綬卿： 東臺人，張西箴之子。

247.〔李吟、李吟翁、吟伯、吟翁、李吟伯、吟白、吟老、吟老遯齋、遯叟、遯齋、遯㚣、遁齋、遯公、遯安〕

李步青（1854—？）： 東臺人，字吟白（吟伯），號遯齋，吉城學友，學者。光緒二十五年東臺「青冰文會」成員，清末「鎮江中學堂」教員。著有《左氏後妃本事詩》（即《春秋宮詞》）等。

248.〔柳繹如〕

柳嘉祿（1822—1899）： 東臺人（祖籍丹徒），字繹如，醫生。

249.〔周子香、周子香先生、子香、周四先生、周子翁、子翁、子香老、子香先生、周子老、水英、耔襄、耔老、周耔老〕

周應芹（1850—1926）： 東臺人，字子香（耔襄），號水英，周應昌之兄，吉城學友，學者，書畫家。著有《南莊輯略》等。

250.〔陳宣、陳宣翁、宣穀先生、宣穀〕

陳宣穀： 東臺人。

251.〔石泉〕

石泉：東臺人。

光緒十六年八月起：

252.［丁建成、丁建臣、丁建丈］

丁建成（建臣）：興化人，府學。

253.［趙海樓］

趙海樓：考生。

254.［汪雨人］

汪雨人：鎮江人。

255.［張霽顔］

張霽顔：鎮江人。

256.［丁海山、海山夫子、海珊先生］

丁海山（海珊）：東臺人。

257.［顔生、顔生承庚］

顔承庚：東臺人，時吉城塾館學生。

258.［吳十六丈、吳書翁、書巖、吳書巖］

吳書巖：鎮江人。

259.［陳希翁］

陳希翁：鎮江人。

260.［戴八先生］

戴八：鎮江人。

261.［趙紹霖］

趙紹霖：鎮江人。

262.［曹友魚］

曹友魚：鎮江人，府學。

光緒十六年九月起：

263.［丁雅南］

丁雅南：鎮江人，府學。

264.［陳硯農、硯農兄］

陳硯農：鎮江人，府學。

265.［劉漫卿］

劉漫卿：鎮江人，府學。

266.［劉春芙、春芙兄、劉春翁］

劉春芙：鎮江人，學者。

267.［俞少玉］

俞少玉：鎮江人，府學。

268.［嚴幼安］

嚴幼安：鎮江人，府學。

269.［周光高］

周光高：鎮江人，府學。

270.［林之祺］

林之祺：鎮江人，府學。

271.［祁呂］

祁呂：鎮江人。

272.［林曉翁、林曉麓、曉麓］

林曉麓：鎮江人。

273.［陳景濂］

陳景濂：鎮江人，府學。

274.［裴午亭］

裴午亭：鎮江人。

275.［李鏡翁］

李鏡翁：鎮江人。

276.［楊蓉翁］

楊蓉翁：鎮江人，考場職員。

277.［林炳龕］

林炳龕：鎮江人，府學。

278.［端錫丈、錫丈］

端錫丈：鎮江人。

279.［蔡子貞、貞石、心舟］

蔡子貞（1874—1906）：東臺人（祖籍丹徒），字貞石，號心舟，蔡慶昌之弟，吉城學友，學者，精算學。光緒二十九年東臺「能群書會」成員，光緒三十一年十一月創辦「東臺算譯講習所」（算術傳習所），清末曾出訪德、意等國。著有《勾股演代》等。

280.［袁奏熏］

袁奏熏：東臺人。

光緒十六年十月起：

281.［殷雲巢］

殷雲巢：東臺人。

282.［張渭泉］

張渭泉：東臺人，學者。

283.［姚二姨母］

錢氏（女）：興化人，姚遜齋之妻，吉城的二姨母。

光緒十六年十一月起：

284.［壽安、陳壽安、壽庵、壽安兄、陳五達］

陳康（1866—?）：東臺人（祖籍浙江錢塘），字壽安，號五達，吉城學友，學者。清末任泰州鹽運分司。

光緒十六年十二月起：

285.［嚴笛樓、嚴笛賡、笛翁、笛樓］

嚴笛賡（笛樓）：東臺人。

286.［戴彥倫］

戴彥倫（?—1895）：東臺人。

光緒十七年正月起：

287.［房慕禹］

房慕禹（？—1891）：東臺人。

288.［近仁姨丈、笪姨丈］

笪近仁：興化人，吉城的姨父。

289.［袁子翁、袁子明］

袁子明：東臺人。

光緒十七年二月起：

290.［德恒］

楊德恒：東臺人，楊屏翁之弟。

291.［袁生］

袁生：東臺人，時吉城塾館學生。

292.［錢生、乃榮、伯聲、伯聲表弟、伯聲弟、白聲、錢伯聲、錢生伯聲］

錢乃爍（1875—？）：興化人（寓東臺），字伯聲（白聲），學者。時吉城塾館學生，光緒二十九年東臺「能群書會」成員，清末去鎮江。

293.［李生、培立］

李培立：東臺人，時吉城塾館學生。

294.［袁浩翁、浩秋、浩秋先生、袁浩秋、浩翁］

袁浩秋：　東臺人，吉城學友，學者。

295.［宋捷三］

宋捷三：　東臺人。

光緒十七年三月起：

296.［張季直、季直、季直先生、張謇］

張謇（1853—1926）：　南通人，字季直，號嗇庵，吉城學友，學者、實業家、書法家，中國博物館之父。光緒二十年狀元，民國實業總長。著有《張季宣九錄》等。

光緒十七年四月起：

297.［吳伯龍］

吳伯龍：　東臺人，學者。

298.［胡曉翁、胡曉、胡曉蓮、胡小濂、小翁、小蓮］

胡曉蓮（小濂）：　東臺人，學者。

299.［陳秋實、秋實、秋實兄、陳秋石］

陳秋實（1870—1899）：　東臺人，學者。

光緒十七年五月起：

300.［仲安、陳仲翁］

陳臧：東臺人（祖籍浙江錢塘），字仲安，吉城學友，學者。光緒二十九年東臺「能群書會」成員，清末在京師，宣統二年往江西。

光緒十七年六月起：

301.［蔣小雲］

蔣小雲：東臺人，蔣卿雲之子，醫生。

302.［朱柳翁、朱柳門］

朱柳門：東臺人，學者。

303.［胡幹］

胡幹：東臺人。

304.［房筠卿］

房筠卿：東臺人。

305.［金生霞秋］

金霞秋：東臺人，時吉城塾館學生。

光緒十七年七月起：

306.［林仲銘］

林仲銘：南京人。

光緒十七年九月起：

307.〔張午亮〕

張午亮：東臺人，相士。

308.〔劉海山先生〕

劉海山：東臺人。

309.〔吳四先生〕

吳四：東臺人。

310.〔左八公、左八先生〕

左八公：東臺人。

311.〔左十公〕

左十公：東臺人。

312.〔張紫翁〕

張紫翁：東臺人。

313.〔談子文〕

談子文：東臺人。

314.〔郭鏡江〕

郭鏡江：揚州人。

光緒十七年十月起：

315.［盧穎蘭、盧蔭翁、蔭翁、穎蘭、盧穎翁、飲蘭、飲老、飲翁、盧飲翁、飲蘭先生、蔭南、蔭蘭、穎公、穎老、穎瀾、蔭老、穎蘭老、老穎、盧蔭老］

盧榕：東臺人，字蔭南（蔭蘭、穎蘭、飲蘭、穎瀾），吉城學友，學者。光緒貢生，清末在京師，民國十年協修《東臺縣誌》。

316.［楊子丹、楊子翁］

楊子丹：東臺人。

317.［丁信伯］

丁信伯：東臺人。

光緒十七年十一月起：

318.［姚翁］

姚訓恭：東臺人。

319.［丁太師母］

丁書農母（女）（1822—？）：東臺人。

320.［姚子兄］

姚子兄：東臺人。

321.［李培沅］

李培沅：東臺人。

光緒十七年十二月起：

322.［余吉翁］

余吉翁：東臺人。

光緒十八年正月起：

323.［蔣五］

蔣五：東臺人。

324.［張慎夫、張慎丈］

張慎夫：東臺人。

325.［黃生］

黃生：東臺人，時吉城塾館學生。

326.［張生］

張生：東臺人，時吉城塾館學生。

327.［包生］

包生：東臺人，時吉城塾館學生。

光緒十八年二月起：

328.［毓桂］

毓桂：東臺人，時吉城塾館學生。

光緒十八年三月起：

329.［維筏方丈、維公、維筏上人］

維筏：僧人，時東臺三昧寺方丈。

330.［笪厚翁］

笪厚翁：東臺人。

331.［丁立瀛、丁麗老、麗生、麗老、麗老先生］

丁立瀛（1844—1907）：東臺人（祖籍丹徒），字麗生，丁紹周長子、丁立鈞長兄，吉城學友，學者。同治十年進士，授翰林院編修，後任「禮部掌印給事中、順天府府丞」等，光緒二十二年在鎮江開設商務局，二十四年參與「戊戌變法」，二十五年以足疾開缺回籍居東臺「東園」寓所，二十八年其胞弟丁立鈞去世後繼任「南菁高等學堂」總教習，三十三年病逝於東臺。

332.［程稚蘭］

程稚蘭：東臺人，程畹之子。

光緒十八年四月起：

333.［楊聘翁］

楊聘翁：　東臺人。

334.［又白］

又白：　東臺人。

335.［湯銘新］

湯銘新：　東臺人。

336.［李奎昌］

李奎昌：　鎮江人，府學。

337.［孫維翁］

孫維翁：　東臺人。

338.［丁雨農］

丁雨農：　東臺人（祖籍鎮江）。

339.［厲玉甫］

厲玉甫：　鎮江人，學者，光緒二十九年舉人。

光緒十八年五月起：

340.〔顏觀堂〕

顏觀堂：丹陽人，府學。

341.〔姚鐵臒、鐵臒、鐵翁〕

姚鐵臒：鎮江人。

342.〔包耀兄、包耀翁〕

包耀翁：東臺人。

343.〔李慎俠〕

李慎俠：鎮江人，光緒十八年進士。

344.〔汪慶生〕

汪慶生：鎮江人，光緒十八年進士。

345.〔吴五先生〕

吴五：鎮江人。

346.〔何仰兄〕

何仰：鎮江人。

347.〔張稚汶〕

張稚汶：杭州人。

348.［湯城守、湯守翁］

湯公：時東臺城守。

光緒十八年六月起：

349.［陸鎬］

陸鎬：東臺人。

350.［韓瑞徵］

韓瑞徵：鎮江人，學者。

351.［韓保徵］

韓保徵：鎮江人，學者。

352.［馮善徵］

馮善徵：鎮江人，學者。

353.［程之駿］

程之駿：鎮江人，學者。

光緒十八年閏六月起：

354.［李壽兄、壽芝］

李壽芝：東臺人，學者。

光緒十八年七月起：

355.［顔叔屏、叔屏］

顔叔屏：東臺人，吉城學友，學者。清末時寓居安徽合肥。

356.［王元超］

王元超：東臺人，學者。

357.［蔡藩搏］

蔡藩搏：學者。

358.［王煦卿］

王煦卿：東臺人。

359.［江標］

江標（1860—1899）：蘇州人，學者，畫家。光緒十五年進士，授翰林院編修，出任湖南學政。著有《靈鶼閣叢書》等。

360.［鍾泗］

鍾泗：東臺人，時吉城塾館學生。

光緒十八年八月起：

361.［王稷堂、稷堂］

王稷堂：東臺人，吉城學友，學者。光緒二十九年進士。

362.［王叔鴻］

王叔鴻：東臺人，王稷堂弟，學者。

363.［王楚白］

王楚白：東臺人，王稷堂從弟，學者。

364.［王生］

王生：東臺人，王春海之弟，時吉城塾館學生。

光緒十八年十一月起：

365.［大兄一男、藻侄、芹甫］

吉榮藻（1892—？）：東臺人，字芹甫，吉城堂兄吉堂四子。

366.［蔡禹庭、雨亭先生、蔡雨老、蔡雨亭、蔡雨翁、蔡禹老、雨翁、雨亭、雨老］

蔡慶生（1849—？）：東臺人（祖籍丹徒），字雨亭（禹亭），蔡慶昌之兄，吉城學友，學者。光緒二十五年東臺「青冰文會」成員。

367.［何蘭老、何蘭皋、何蘭丈］

何蘭皋（？—1899）：東臺人。

368.［海仙］

錢海仙：興化人。

光緒十八年十二月起：

369.［徐步洲、徐丈步洲］

徐步洲：興化人，學者。

370.［崔亮疇］

崔亮疇：興化人，醫生。

371.［劉公］

劉公（？—1895）：時興化縣知縣。

372.［顧幼貞］

顧幼貞：興化人，學者。

373.［丁禾生、丁禾翁、禾翁、禾生、丁忍齋、忍齋、訒齋、訒亝］

丁立棠（1861—1918）：東臺人（祖籍丹徒），字禾生，號訒齋，丁立鈞堂弟，吉城學友，學者，醫生。清末貢生，光緒二十五年東臺「青冰文會」、二十九年東臺「能群書會」成員，三十一年二月與吉城一起創辦東臺「能群學堂」，清末任「東臺縣商會」總理，辛亥革命東臺光復後任「東臺縣民政署」財政長、「軍政支部」司令。

374.［吳晉孚太爺］

吳晉孚：鎮江人，時在鎮江「德新源洋行」。

光緒十九年正月起：

375.［揖如、揖如弟］

揖如： 興化人。

376.［鴻緒］

鴻緒： 東臺人，時吉城塾館學生。

377.［劉誠甫］

劉誠甫： 儀徵人，學者。

378.［俞生］

俞生： 東臺人，時吉城塾館學生。

光緒十九年四月起：

379.［戴氏女］

戴氏： 興化人，吉城胞弟吉塘之妻。

380.［馬遇春］

馬遇春： 揚州人，評話藝人。

光緒十九年五月起：

381.［星南夫人］

陳祺壽之妻（女）（？—1893）：東臺人。

382.［朱猗穀］

朱猗谷：丹陽人，學者。

383.［張儀亭］

張儀亭：丹陽人，學者。

光緒十九年六月起：

384.［蔡映辰］

蔡映辰：東臺栟茶場人，字少嵐，號浣雪，學者，精詩書畫。清末貢生，出任通州儒學訓導，民國初年因辦教育而獲政府匾額褒獎。著有《綠雲庵詩詞集》等。

385.［黄漱蘭、漱蘭宗師、漱蘭師］

黄漱蘭：學者，宗師。

386.［飲蘭幼女］

盧先雄（女）：東臺人，盧飲蘭之女。

387.［徐會澧］

徐會澧（？—1905）：山東諸城人，字東甫，學者。同治七年進士，光緒十九年江南鄉試主考。

388.［文廷式］

文廷式（1856—1904）：江西萍鄉人，字芸閣，學者。光緒十六年進士，十九年江南鄉試副主考。著有《純常子枝語》等。

光緒十九年七月起：

389.［文瀾、李文瀾］

李文瀾：東臺人，吉城學友，學者。

390.［吳誦芬］

吳誦芬：東臺人，學者。

光緒十九年八月起：

391.［仲玉先生、黄仲丈、仲丈、仲玉丈、仲先生、黄仲丈、仲翁、黄仲玉、黄君仲玉］

黄仲玉（？—1904）：東臺人，醫生。

光緒十九年九月起：

392.［吳鴻藻］

吳鴻藻：鎮江人，學者，光緒十八年舉人。

393.［賀煥章］

賀煥章：丹陽人，學者，光緒十九年舉人。

394.［姜瑞麟］

姜瑞麟：丹陽人，學者，光緒十九年舉人。

光緒十九年十月起：

395.［王義門、義門］

王景沂：江都人，字義門，學者。光緒舉人，清末粵東知縣。

396.［張奉］

張奉：東臺人，字梧卿。

397.［王可莊］

王可莊（？—1893）：太守。

光緒十九年十一月起：

398.［陳慶和］

陳慶和：陳蘭甫文孫，學者，「廣雅書局」分校。

399.［朱雨秋］

朱潤（1833—1918）：東臺人，字雨秋，畫家。同治六年武舉，累官至四品守衛。

400.［汪楨甫、楨甫、崢甫］

汪家幹：東臺人，字楨甫，汪濟次子，吉城學友，學者，棋手。光緒二十九年東臺「能群書會」成員，清末「京師大學堂」教員，民國二十七年協修《東臺縣誌》。

光緒十九年十二月起：

401.［雨巖］

雨巖：　東臺人。

402.［吳皾卿、皾卿］

吳皾卿：　東臺人。

403.［李廉波］

李廉波：　東臺人。

404.［錢樨庵］

錢樨庵：　學者，時「鍾山書院」主講。

405.［汪雲閣］

汪雲閣（？　—1894）：　興化人，汪雲逵之兄。

406.［周嘉玉］

周嘉玉：　東臺人，學者。

407.［縣令湯公、湯公］

湯曜：　雲南陽州人，字星軺，光緒十九年底至二十一年時東臺縣知縣。

408.［翟老］

翟登雲：東臺人，字叔展，號望山，學者。咸豐十年舉人，儒學訓導，任東臺「西溪書院」山長長達三十餘年。

光緒二十年正月起：

409.［虎臣夫人、汪夫人］

汪清（女）：東臺人，字湘卿，女史，夏寅官之妻。著有《求福居詩鈔》等。

410.［周蘊卿］

周蘊卿（？—1894）：東臺人。

411.［馮生祖善、馮生、祖善］

馮祖善：東臺人，水利學家馮道立之孫，時吉城塾館學生。

412.［述雲、述芸］

楊述雲（述芸）：東臺人，時吉城塾館學生。

光緒二十年二月起：

413.［頌年］

頌年：東臺人，時吉城塾館學生。

414.［穀人］

伍穀人：東臺人，時吉城塾館學生。

光緒二十年三月起：

415.［覺三］

覺三：僧人，時興化「觀音閣」寺廟方丈。

416.［王介青］

王介青：東臺人，學者。

417.［戴生］

戴生：東臺人，時吉城塾館學生。

光緒二十年四月起：

418.［魯弟］

魯弟：興化人。

419.［吳竹虔］

吳竹虔：江蘇人，光緒二十年進士。

光緒二十年五月起：

420.［孫同康］

孫同康：光緒二十年進士、翰林院庶吉士。

光緒二十年六月起：

421.〔謝緒曾〕

謝緒曾：時「尊經書院」學者。

光緒二十年八月起：

422.〔趙曾湘〕

趙曾湘：太湖人，南京鄉試考生。

光緒二十年九月起：

423.〔王孟翁〕

王孟翁：山西人。

424.〔韶九兄〕

王韶九：山西人，王孟翁之子，學者。光緒二十年舉人。

光緒二十年十二月起：

425.〔問山先生、吳問山、吳問山先生〕

吳問山（1824—1906）：東臺人，吉城學友，學者。

426.〔袁香南〕

袁香南：東臺人。

427.〔劉鶚〕

劉鶚（1857—1909）：丹徒人，字鐵雲，學者，早期甲骨大家。著有《老殘遊記》等。

光緒二十一年正月起：

428.［楊少雲、少雲］

楊少雲：鎮江人，學者。

光緒二十一年二月

429.［陸春江］

陸春江：軍人，時來東臺視察團練。

430.［朱俊兄、朱俊聲］

朱俊聲：東臺人，吉城學友，學者。

光緒二十一年三月起：

431.［晉源徐序如兄］

徐序如：字晉源。

432.［戴翁］

戴翁：興化人，吉塘妻戴氏之父。

433.［康步翁］

康步翁：東臺人。

434.〔殷固生、固生〕

殷固生：東臺人，學者，光緒貢生。

光緒二十一年四月起：

435.〔陳倬弟〕

陳倬：東臺人，陳汝玉之子，學者。

436.〔丁柏梁〕

丁柏梁：東臺人，學者。

437.〔錢仲英、仲英〕

錢仲英：東臺人，學者。

光緒二十一年五月起：

438.〔駱成驤〕

駱成驤：四川資中人，學者，光緒二十一年狀元。

光緒二十一年七月起：

439.〔舅母〕

錢漢卿妻（女）：興化人，吉城的大舅母。

光緒二十一年十月起：

440.［袁蓬仙、蓬仙］

袁蓬仙：東臺人，醫生。

441.［顏生幼蓮、幼蓮］

顏幼蓮：鎮江人，吉城的學生，學者。

442.［徐鹿林］

徐鹿林：興化人，學者。

光緒二十一年十一月起：

443.［祝子雲］

祝子雲：東臺人，祝子鴻之弟，學者。

光緒二十二年正月起：

444.［李雛青］

李雛青：東臺人。

445.［朱俊卿、朱雋兄、朱雋卿、雋卿、雋清、俊卿］

朱俊卿（雋卿、雋清）：東臺人，吉城學友，學者。

光緒二十二年二月起：

446.［顧念祖］

顧念祖：興化人。

光緒二十二年三月起：

447.［杜冠卿］

杜冠卿：東臺人，學生。

448.［項晴軒、項晴翁、晴軒］

項承明：如皋人（祖籍安徽歙縣），字晴軒，吉城學友，學者，收藏家。

光緒二十二年六月起：

449.［族叔耀西］

吉耀西：東臺人，吉城的族叔。

光緒二十二年七月起：

450.［鄒經甫］

鄒經甫：泰州人。

光緒二十二年十月起：

451.楊君式丈、君式丈、楊丈君式、君丈］

楊君式（?—1902）：鎮江人。

光緒二十二年十一月起：

452.〔王承俊、承俊〕

王承俊：鎮江人，山主（吉城之父吉煌墓地的墳主）。

453.〔陳翁耀如、陳耀如〕

陳耀如：鎮江人。

454.〔王承紀〕

王承紀：鎮江人，王承俊之兄。

455.〔黃行之翁〕

黃行之：江西人。

456.〔蔡幼安、幼安、又安、柚庵、柚盦兄〕

蔡幼安（柚庵、柚盦）（1866—？）：東臺人，吉城學友，學者。

光緒二十三年四月起：

457.〔馮石翁、石蓀、馮石孫〕

馮石蓀（石孫）：東臺人，吉城學友，學者。

光緒二十三年五月起：

458.〔潘鹹忠〕

潘鹹忠：山東兗州人，賣碑帖者。

459.［武念伯、念白］

武曾任：東臺人（祖籍浙江錢塘），字念白，吉城學友，學者。光緒二十五年東臺「青冰文會」成員，二十八年舉人，二十九年進士，三十年東臺「能群書會」成員。

460.［李聲永］

李聲永：東臺人，李木清之子，學者。

光緒二十三年六月起：

461.［林亮功］

林亮功：丹陽人，字仲欽，學者，光緒貢生。

光緒二十四年正月起：

462.［李審言、審言、興化李君詳、興化李審言、李君審言、審翁、興化李君、審老、審公］

李詳（1858—1931）：興化人，字審言，號輝叟，吉城學友，學者。光緒三十三年南京「國文研究會」成員，民國「東南大學」國文教授。著有《愧生叢錄》等。

463.［張姑母］

吉氏（女）（1816—1898）：東臺人，吉城的姑母，適張。

光緒二十四年三月起：

464.［王儒林、王賈］

王儒林：　揚州書賈。

光緒二十四年四月起：

465.〔傅茗生、茗生、傅君茗生、晦齋、晦㒰〕

傅春官：　江寧人，字茗生，其書齋名曰「晦齋」，吉城學友，學者。清末貢生，光緒二十六年為上元張寶德（字容圓）校刊《漢射陽石門畫象匯考》，光緒二十八年赴江西任「潯陽觀察、江西勸業道尹、九江（潯陽）道尹」等，曾監督江西農工商務和礦業，主辦南洋勸業博覽會。著有《金陵歷代建置表》、《金陵兵事本末》、《晦齋筆記》等，刊《金陵叢刻》十七種。

光緒二十四年十月起：

466.〔湯三老、湯有岡〕

湯有岡：　鎮江人，鎮江西固山吉城家族祖墳所在地墳主。

光緒二十五年二月起：

467.〔劉我山、我山〕

劉我山：　湖北棗陽人，學者。

光緒二十五年三月起：

468.〔劉小麓〕

劉小麓：　姜堰人，藏書家。

光緒二十五年四月起：

469.［夏仲翁、仲揚］

夏仲揚：東臺人，醫生。

光緒二十五年六月起：

470.［朱伯純、伯純、朱生］

朱伯純：東臺人，學者，時吉城塾館學生。

光緒二十五年八月起：

471.［叔衡先生、丁君叔衡、恒老、恒厽、恒齋、叔衡、衡老、恒公、丁恒齋、恒、南園、南園主人、恒齋南園］

丁立鈞（1854—1902）：東臺人（祖籍丹徒），字叔衡，號恒齋，丁紹周三子、丁立瀛之弟，吉城學友，學者，書畫家。光緒六年進士，授翰林院編修，二十一年「京師強學會」總董，二十三年山東沂州府知府，二十五年因病辭官歸東臺居「南園」寓所，同年出任江蘇江陰「南菁書院」山長，二十七年改為「南菁高等學堂」繼任總教習，二十八年病逝於東臺。著有《歷代大禮辨誤》等。

光緒二十五年九月起：

472.［丁敏卿、敏卿］

丁敏卿：東臺人。

473.［張浦生］

張浦生：東臺人。

474.［心如］

丁傳恕：東臺人（祖籍丹徒），字心如，丁立瀛之子，吉城學友，學者。光緒二十九年東臺「能群書會」成員。

光緒二十五年十月起：

475.［守一］

守一：東臺人，學者。

476.［族弟祥、松喬］

吉祥：丹陽人，字松喬，吉敬身之子，吉城的族弟，學生。

477.［澥岑之太夫人、虎臣太夫人］

陳氏（女）（1839—1906）：東臺人，直隸州州同陳嘉興之女、翰林夏寅官之母。

光緒二十六年正月起：

478.［周孝寰］

周孝寰：湖南人，學者。

479.［馮抱一、抱二］

馮抱一：東臺人，吉城學友，學者。光緒二十九年東臺「能群書會」成員。

480.［石生廷傑、石生］

石廷傑：東臺人，時吉城塾館學生。

光緒二十六年二月起：

481.［雨亭太夫人、雨老太夫人］

蔡慶生之母（女）（1831—1905）：東臺人。

482.［星源之子家樹］

汪家樹：東臺人，辛亥革命東臺光復時「東臺縣民政署」財政長汪淮（字星源）之子，時吉城塾館學生。

483.［子儀兄、子儀］

汪子儀：東臺人，吉城學友，學者。

484.［王研芬、研芬］

王榮官（1883—1962）：東臺富安人，字研芬（硯芬）、煉棼，學者。清末「京師大學堂」學生、陝西安定縣知縣，民國江蘇省教育廳科員、東臺縣修志局編纂，共和國東臺縣政協委員。

光緒二十六年三月起：

485.［賡揚］

賡揚：東臺人，時吉城塾館學生。

486.［僧隆濟］

隆濟：時東臺西溪泰山寺僧人。

487.［葉子實、子實］

葉子實：東臺人，吉城學友，學者、醫生。宣統二年起編輯《醫學報》，民國初年與任芷塘等組建「東臺醫學總會」。

光緒二十六年四月起：

488.［雲衢、郭雲衢、雲翁、雲老］

郭振鵬：東臺人（祖籍丹徒），字雲衢，吉城學友，學者。

489.［縣令陳君、縣官］

陳紹棠：浙江鎮海人，光緒二十六年時東臺縣知縣。

490.［春旉］

春旉：東臺人，學者。

光緒二十六年五月起：

491.［桐城張君］

張祖翼（1849—1917）：安徽桐城人，學者，篆刻書畫家。著有《倫敦竹枝詞》等。

492.［女、玉兒］

吉恩（女）（1900—?）：東臺人，乳名玉兒，吉城之女，適王壽亭。

光緒二十六年七月起：

493.［李木清太夫人］

李木清之母（女）（1821—？）：東臺人。

494.［魏松甫、松甫］

魏松甫：東臺人，吉城學友，學者。光緒三十年東臺「能群書會」成員。

光緒二十六年閏八月起：

495.［白生］

白生：東臺人，時吉城塾館學生。

496.［陳玉樹］

陳玉樹（玉澍）：鹽城人，字惕庵，學者。光緒十四年舉人，著有《後樂堂文鈔》等。

光緒二十六年九月起：

497.［魏稼生］

魏稼生：浙江杭州人，學者，收藏家。

498.［鑒泉、鑒老］

丁立淦：東臺人（祖籍丹徒），字鑒泉，丁紹周次子，丁立鈞二兄，學者，畫家。其畫室號「磨兜鞲室」。

499.［長卿］

長卿：東臺人，時吉城塾館學生。

光緒二十六年十一月起：

500.［李獻廷］

李獻廷：東臺人，學者。

光緒二十六年十二月起：

501.［駱君桐孫］

駱桐孫：句容人，學者，曾督修《句容志》。

502.［鄭孝胥、蘇堪］

鄭孝胥（1860—1938）：福建閩侯人，字蘇堪，號海藏，學者，書法家。清末湖南布政使，清亡後在上海「海藏樓」鬻書。民國二十一年從溥儀出任「偽滿洲國總理」而成為漢奸。著有《海藏樓雜詩》等。

光緒二十七年正月起：

503.［蓀石］

馮蓀石：東臺人，吉城學友，學者，光緒二十八年官浙江杭州。

光緒二十七年四月起：

504.［丁禮公、丁禮民先生、丁禮老、禮老、丁禮丈、禮丈］

丁立中（1836—1914）：丹徒人（寓南京），字禮民，號秋睦，丁立鈞堂兄，學者。清末江寧教諭，得周小松指教，成為著名圍棋國手。

505.［劉匯東、劉會東］

劉匯東（會東、惠東）：　東臺人，圍棋高手。

506.［汪生］

汪生：　東臺人，時吉城塾館學生。

光緒二十七年五月起：

507.［阿遲］

錢阿遲（1901—？）：　興化人，吉城大舅父錢漢卿幼子。

508.［祝穉農］

祝穉農：　如皋人，學者。

光緒二十七年七月起：

509.［邱鏡人、邱君］

邱鏡人：　揚州書賈。

510.［范昌士、昌士］

范昌士：　浙江人，學者，通英文，時遷居東臺。

511.［陳瑞庭］

陳瑞庭：東臺人。

光緒二十七年八月起：

512.［張睫巢］

張睫巢：東臺人，學者。

光緒二十七年九月起：

513.［張夢巖、夢巖、孟巖］

張夢巖（孟巖）：東臺人，學者，圍棋手。光緒三十年東臺「能群書會」成員，清末「蘇州師範學堂」學員。

514.［劉景雲］

劉景雲：東臺人，學者，圍棋手。

515.［白石太翁］

陳慶（1822—1903）：東臺人，字子餘，陳汝玉之父，書畫家。

516.［徐君季龍、季龍、徐季龍］

徐謙（1871—1940）：東臺人（祖籍安徽歙縣，出生於江西南昌，光緒中葉與其兄徐齊仲一起遷居東臺），字季龍，號安序，吉城學友，學者，著名法學家、政治活動家，國民黨元老。光緒二十八年受甘泉縣知縣謝元洪之聘離東臺去揚州，出任揚州「篤才學堂」英文教習，同年中舉人，二十九年中進士，三十三年授翰林院編修。民國元年司法部次長，六年「廣州軍政府」秘書長，八年天津《益世報》主編，十二年「嶺南大學」文學系主任，十六年國民黨中央常委，後寓居香港。著有《民約總論》等。由胡適題簽的《徐季龍先生遺詩》，於民國三十二年在美國紐約印刷出版。

517.［齊仲、徐齊仲、齊中］

徐齊仲：東臺人（祖籍安徽歙縣，光緒中葉遷居東臺），國民黨元老徐謙之兄，吉城學友，學者。

光緒二十七年十月起：

518.［宣君雨蒼、宣雨蒼、雨蒼］

宣雨蒼：東臺人，吉城學友，學者。

519.［韋樞堂］

韋樞堂：揚州書賈。

光緒二十八年正月起：

520.［謝甘泉］

謝元洪：清末甘泉縣知縣，時致書東臺聘請徐謙赴揚州「篤才學堂」任教。

521.［薛氏兄弟、薛大］

薛大：東臺人，學者。

522.［薛氏兄弟、薛二］

薛二：東臺人，學者。

光緒二十八年二月起：

523.［二兄男、榮頤］

吉榮頤（1902—1916）：　東臺人，字啟期，乳名如官，吉城胞兄吉均之子。

光緒二十八年六月起：

524.［葛魯封］

葛魯封：　東臺人，精六壬。

光緒二十八年七月起：

525.［汶上王叟］

王叟：　山東汶上人，賣碑帖者。

光緒二十八年八月起：

526.［二舅母］

錢炳南之妻（女）（？—1902）：　興化人，吉城的二舅母。

527.［季石舫］

季石舫（？—1902）：　東臺人。

528.［吳子明］

吳子明：　東臺人。

529.［劉張侯］

劉張侯（?—1902）：儀徵人。

光緒二十八年九月起：

530.［茂才、張冠生］

張冠生：東臺白駒場人，字茂才，孝子。

531.［韓庶徵］

韓庶徵：丹陽人，學者，光緒二十八年舉人。

532.［張誦卿］

張誦卿：丹陽人，學者，光緒二十八年舉人。

533.［朱綿綬］

朱綿綬：丹徒人，字建侯，學者，光緒二十八年舉人（亞元）。

534.［許延恭］

許延恭：揚州人，賣碑帖者。

光緒二十八年十月起：

535.［仲桴］

仲桴：興化人，吉城學友，學者，精輿地學。

536.［瓶隱、翁瓶隱先生］

翁同龢（1830—1904）：常熟人，字聲甫，號叔平，又號瓶隱。咸豐六年狀元，同治、光緒帝師，累官至「總理衙門大臣行走」、「戶部尚書」。著有《翁文恭公日記》等。

光緒二十八年十一月起：

537.［徐生］

徐生：東臺人，時吉城塾館學生。

538.［里安孫詒讓、里安師、孫仲蓉、孫仲容］

孫詒讓（1848—1908）：浙江里安人，字仲容，晚號籀廎，學者，樸學家。清末「禮學館」總纂，著有《周禮正要》等。

光緒二十九年五月起：

539.［楚材］

楚材：東臺人，吉城學友，學者。光緒二十九年東臺「能群書會」成員。

光緒二十九年閏五月起：

540.［茅秩如先生］

茅秩如（1828—？）：東臺人，學者。

541.［侯泰生］

侯泰生：東臺人，學者。

光緒二十九年六月起：

542.［偓仙、張偓仙］

張偓仙：東臺人，吉城學友，學者。光緒三十年東臺「能群書會」成員。

光緒二十九年七月起：

543.［姜秉臣兄］

姜秉臣：東臺人，學者。

544.［炳章、王君秉璋、秉璋］

王秉璋（炳章）：東臺人，吉城學友，學者。光緒三十二年經理東臺「能群書會」，將書會之書籍存放於東臺「京江公所」。

545.［仲玉］

李仲玉：東臺人，李吉齋次子、吉城内侄，學者。

546.［朱雲卿］

朱雲卿：南京人。

光緒二十九年八月起：

547.［善餘、陳君善餘］

陳善餘：南京人，吉城學友，學者，書畫家。

548.［阮志道］

阮志道（1884—？）：上海奉賢人，字芙士，學者。

549.［佘慶灝］

佘慶灝（1886—？）：六合人，字幼年，學者。

550.［汪穀臣］

汪穀臣：南京人。

551.［陳兼人］

陳兼人：南京人。

552.［湯恒財］

湯恒財：鎮江人，湯有岡少子，鎮江西固山吉城家族祖墳所在地墳主。

553.［湯恒明］

湯恒明：鎮江人，湯有岡長子，鎮江西固山吉城家族祖墳所在地墳主。

光緒二十九年九月起：

554.［仲宣］

仲宣：東臺人，吉城學友，學者。

555.［沾吾、肩吾、茅肩吾］

茅肩吾（沾吾）：　東臺人，吉城學友，學者，清末「蘇州師範學堂」學員。

556.［素人、素仁］

素人（素仁）：　東臺人，吉城學友，學者。

557.［子良］

子良：　東臺人，吉城學友，學者，光緒二十九年東臺「能群書會」成員。

光緒二十九年十一月起：

558.［少仲、鮑紹仲、少中］

鮑燾：　東臺人（祖籍安徽歙縣），字少仲（紹仲），吉城學友，學者。宣統元年，皖省拔萃歙縣第一名。

559.［伯幹］

伯幹：　東臺人，學者。

光緒三十年二月起：

560.［周仲飛、仲飛］

周仲飛：　東臺人，吉城學友，學者。光緒三十年東臺「能群書會」成員，三十一年十月起主辦東臺《閲書報》。

561.［田洲如］

田潪如：東臺人，吉城學友，學者，光緒三十年東臺「能群書會」成員。

562.［陳學𠫭］

陳學𠫭：東臺人，吉城學友，學者，光緒三十年東臺「能群書會」成員。

563.［韓幼溥］

韓幼溥：東臺人，吉城學友，學者，光緒三十年東臺「能群書會」成員。

564.［仰彭］

仰彭：鎮江人，吉城學友，學者。

565.［楊鶴籌、鶴籌］

楊鶴籌：東臺人，吉城學友，學者，光緒三十年東臺「能群書會」成員。

566.［陳芷舲］

陳芷舲：學者，東臺人。

光緒三十年四月起：

567.［韓九如、九如］

韓九如：丹陽人，學者。

568.［唐子均］

唐子均：鎮江人。

光緒三十年六月起：

569.［叔蕃］

叔蕃：東臺人，吉城學友，學者。

光緒三十年七月起：

570.［周子京］

周子京：丹陽人。

光緒三十年八月起：

571.［紹臣先生、劉紹丈、劉紹臣先生］

劉紹臣：鎮江人，吉城伯父吉煥之妻劉氏的弟弟，學者。

光緒三十年九月起：

572.［沈兆禕、沈君兆禕、沈君］

沈兆禕：江西南昌人，字幼沂，清末兩江學務處巡視員。

光緒三十年十月起：

573.［省安］

省安：鎮江人，學者。

574.［金潤翁］

金潤翁：東臺人。

光緒三十一年正月起：

575.［楊冷仙、冷仙］

楊冰（1871—1913）：東臺人，字冷仙，吉城學友，學者，精數學。清末任「江南高等學堂」、「山東濟南高等學堂」教員及「南京公學」校長，民國初年江蘇省議員。著有《植樹九行圖》等。

光緒三十一年二月起：

576.［心蘭太夫人］

陳祺壽之母（女）（？—1905）：東臺人。

光緒三十一年五月起：

577.［研溪］

研溪：東臺人，學者。

578.［縣令何君、縣令何公、監督何公、階公］

何為：浙江紹興人，字元泰，號階平，光緒三十年至三十一年、宣統元年至三年期間兩任東臺縣知縣，光緒三十一年十月起兼任「東臺縣中學堂暨師範學堂」監督，辛亥革命東臺光復後改任「東臺縣民政署」執法長，民國元年出走。

光緒三十一年七月起：

579.［叔蘊］

叔蘊：蘇州人。

580.［雨臣、錢雨臣］

錢雨臣：東臺人，學者，醫生。

光緒三十一年九月起：

581.［楊生］

楊生：東臺人，時東臺「能群學堂」學生。

582.［王生］

王生：東臺人，時東臺「能群學堂」學生。

583.［周生］

周生：東臺人，時東臺「能群學堂」學生。

584.［沈生、沈生鵬］

沈鵬：東臺人，時東臺「能群學堂」學生，後入「陸軍師範」學習，宣統二年畢業。

585.［汪生］

汪生（1894—？）：東臺人，時東臺「能群學堂」學生。

586.［淩君位臺、淩君、淩位臺］

淩位臺：學者。

光緒三十一年十月起：

587.［錢介臣］

錢介臣：東臺人，學者。光緒三十一年十月創辦東臺《閱書報》，民國十一年創辦《東臺報》。

光緒三十一年十一月起：

588.［山長武君、武君］

武君：東臺人，學者。時東臺「三賢書院」山長（東臺「三賢書院」創辦於光緒二十三年，三十一年後停辦）。

光緒三十一年十二月起：

589.［張君用賓、張君］

張用賓（1885—？）：武進人，軍人，時省派駐東臺徵兵負責人。

590.［四十名官員之一］

喬樹桐、吳敬修、徐仁鏡、袁嘉穀、王儀通、羅振玉、吳懋昭、曾培、楊宗稷、張煜、陳慶年、慶隆、馬浚年、張緝光、王季烈、徐致喜、彭祖齡、曹廣權、戴展誠、林棨等均係當時清廷學部奏調人員。

591.［四十名官員之二］

鄒代鈞、崇岱、柯興曾、陶葆廉、顧棟臣、彭紹宗、楊熊祥、陳三燕、彥惠、李景濂、□泰、楊度、陳清宸、范源濂、陳寶泉、劉寶和、劉采、端緒、林源深、張元濟等均係當時清廷學部奏調人員。

光緒三十二年正月起：

592.［紫瀾］

紫瀾： 東臺人，學者。

光緒三十二年二月起：

593.［呂震、呂生、震、呂生幼恂］

呂震（1892—？）： 東臺人，字幼恂，呂子恂之子，時東臺「能群學堂」學生。

594.［邱君樹深］

邱樹深： 鎮江人，學者。

595.［實庵、實安］

陳獨秀（1879—1942）： 安徽懷甯人，字仲甫，號實庵（實安），吉城學友，學者。光緒二十三年秀才，時在「蕪湖安徽公學」任教並與房秩五、汪孟鄒等主辦《安徽俗話報》。報紙遭禁後與蘇曼殊避居日本，數月復返蕪湖。吉城聞其「脫歸」之訊，曾請人送信札致慰，勉以「耐苦努力」。民國五年末由蔡元培聘為「北京大學」文科學長，後成為中國共產黨創始人。著有《實庵字說》、《老子考略》等。

光緒三十二年三月起：

596.［沈君戟儀］

沈戟儀：鎮江人，時《私塾改良會章程》制定者。

光緒三十二年五月起：

597.［鮑川翁］

鮑川翁：鎮江人。

光緒三十二年六月起：

598.［鄭翁象漸］

鄭象漸：山東汶上人，書賈。

599.［訒齋太夫人］

丁立棠之母（女）：東臺人（祖籍丹徒）。

600.［徐嘉顧、徐君］

徐嘉顧：山陽人，字遯庵，學者，著有《亭林詩注》等。

光緒三十二年九月起：

601.［劉雲鶱］

劉雲鶱：南京人。

602.［乙盦先生、沈乙庵］

沈曾植（1850—1922）：浙江嘉興人，字子培，號乙庵（乙盦），吉城學友，學者，「同光體」詩人代表，王國維的老師。光緒六年進士，曾任刑部主事、總理各國衙門章京等職，二十一年與丁立鈞同為「京師強學會」總董，二十四年執掌「武昌兩湖書院」。著有《漢律輯存》、《元秘史補注》等。

603.［韞華上人］

韞華：時東臺「西溪泰山寺」僧人，善琴。

光緒三十二年十月起：

604.［禮卿觀察、禮卿先生、禮丈、禮公、禮老、合肥蒯先生、禮、蒯禮丈］

蒯光典（1857—1910）：安徽合肥人，字禮卿、京卿，號季述，李鴻章的侄女婿，吉城學友，學者。光緒九年進士，授翰林院檢討，後在南京候補道員，光緒二十四年創辦「南京上江公學」，二十八年創立「上海金粟齋譯書處」，三十二年任淮揚海道、加按察使，三十三年在南京發起組建「國文研究會」，三十四年赴歐洲出任留學生監督，宣統元年充「京師督學局」局長，宣統二年病逝。著有《文學蒙求廣義》等。

光緒三十二年十一月起：

605.［聘三］

聘三：東臺人，學者，精篆刻。

光緒三十二年十二月起：

606.［殷孟喬、孟喬、合肥殷君、孟公、孟樵］

殷孟喬：安徽合肥人，吉城學友，學者。南京「上江公學堂」坐堂監督，光緒三十三年南京「國文研究會」

成員。

607.［吳溫卿、溫叟、吳君溫卿、清河吳君、涑、溫変、溫、吳溫変］

吳涑（1869—1920）：清河人，字溫叟，號季實，吳昆田四子，吉城學友，學者，詩人。光緒三十三年南京「國文研究會」成員，清末淮安「崇實書院」掌院，民國初出任議員。著有《柳柳堂文集》等。

608.［張子開、張君子開、子開先生、開老、開変、子開、開公］

張文運（1863—1938）：安徽合肥人，字子開，吉城學友，學者，書法家。清末安徽「廬州府官立中學堂」坐堂監督。

光緒三十三年正月起：

609.［張聞遠先生、張君、聞公、聞遠、松江張君、聞翁、聞老、張聞老、聞、張聞変］

張錫恭（1858—1924）：松江府婁縣人，字聞遠，號殷南，吉城學友，學者。光緒十一年拔貢，十四年舉人，二十五年武昌「兩湖書院」經學分教，三十三年南京「國文研究會」成員、北京「禮學館」纂修。著有《修禮芻議》等。

610.［朱仲我先生、朱仲公、仲公、長洲朱先生、仲老、仲我、仲我先生、仲丈、朱仲我］

朱孔彰（1842—1919）：長洲（今蘇州）人，原名孔陽，字仲我，又字仲武，晚年自署聖和老人，朱駿聲之子，吉城學友，學者，經學家。清末舉人，光緒三十三年南京「國文研究會」成員，民國後任清史館纂修。

611.［程君鼎丞、江甯程君］

程先甲（1872—1932）：江寧人，字鼎丞，又字一夔，吉城學友，學者，訓詁學家。光緒十七年舉人，二十九年「江南高等學堂」教習，三十三年南京「國文研究會」成員，民國十五年「陜西省立第三師範學校」校長。著有《千一齋全書》百餘卷。

光緒三十三年二月起：

612.［孝、孝先］

蒯孝先：安徽合肥人，蒯光典長子，吉城在南京「蒯公館」任教時所教學生。

613.［受、受先］

蒯受先：安徽合肥人，蒯光典次子，吉城在南京「蒯公館」任教時所教學生。

614.［彥、秀、兩生、彥先、秀先］

蒯彥先（1895—？）、蒯秀先（1896—？）：安徽合肥人，蒯光典的三子與四子，吉城在南京「蒯公館」任教時所教學生。

615.［伯瑜］

李伯瑜：東臺人，李吉齋長子，吉城內侄，學者。

616.［李君燮臣、燮臣、緦丞、燮丞、燮翁］

李緦丞：安徽人，學者，民國二十二年南京「中央大學農學院」教授。

617.［端制軍、陶齋、陶帥］

端方（1861—1911）：滿洲正白旗人（原本為漢人，姓陶），字午橋，金石學家。時在南京代任兩江總督。著有《陶齋吉金録》等。

618.［楊滶春］

楊滶春：學者。

619.［繆藝風先生、江陰繆先生、藝丈、繆氏、藝風先生、繆藝風］

繆荃蓀（1844—1919）：江陰人，字炎之，别字筱珊、小山，晚號藝風，吉城學友，學者，精目録學，中國圖書館之父。光緒二年進士，授翰林院修撰，後主南京「鍾山書院」，光緒三十二年創「江南高等學堂」，三十三年南京「國文研究會」成員，宣統元年「京師圖書館」監督，民國四年清史館總纂。著有《藝風堂文集》等。

620.［聘臣、崔君聘臣］

崔聘臣（1860—1932）：海門人，又名朝慶，吉城學友，學者，通日文、精數學。曾教光緒帝數學，清末南通「江楚書局」編譯、如皋「安定書院」山長、「江南高等學堂」教員。著有《數學智珠》等。

621.［慕韓、梁君慕韓、江都梁君、江都梁飲真菼、梁公約］

梁公約（1864—1927）：江都人，一名梁菼，字慕韓，號飲真，吉城學友，學者，善詩詞、工書畫。光緒三十三年南京「國文研究會」成員，民國後創辦「南京美術學校」。著有《端虚堂詩集》等。

622.［陳君彝甫、彝甫］

陳彝甫：吉城學友，學者。

光緒三十三年三月起：

623.［柳君翼謀、柳翼謀］

柳詒徵(1880—1956)：丹徒人，字翼謀，亦字希兆，號知非，晚年號劬堂，吉城學友，國學家、書法家。光緒三十一年「江南高等學堂」教習，宣統元年「鎮江府中學堂」監督，民國二年「北京明德大學」教員，五年起「東南大學」(原南京高等師範學校、後中央大學)教師，三十七年兼「國史館」纂修並被選為「中央研究院」院士，解放後任「上海市文物保管委員會」委員兼授「震旦大學文學院」課。著有《中國教育史》、《中國文化史》、《國學圖書館圖書總目》等。

624.［楊饌老］

楊饌老：東臺人。

625.［顧君貞甫］

顧貞甫：南京人，學者。

626.［大興陳鹿儕、璟章］

陳璟章：北京大興人，字鹿儕，詩人。清末貢生，著有《見真吾齋詩集》等。

627.［宛平周範伯、楷］

周楷：河北宛平人，字範伯，學者。

628.［醅仲、棣］

周棣：河北宛平人，字醅仲，詩人。

629.［山陽魯晉卿、樉］

魯樉：山陽人，字晉卿，學者。

630.［桃源尹令叔、彥錄］

尹彥錄：湖南桃源人，字令叔，學者。

631.［清河陳湘衫、筠］

陳筠：清河人，字湘衫，學者。

632.［劉汝梅、家瑜］

劉家瑜：清河人，字汝梅，學者。

633.［弟少溪、溓］

吳溓：清河人，字少溪，吳涑之弟，學者。

634.［仲穀、□稑］

吳□稑：清河人，字仲穀，吳涑之侄，學者。

635.［勞君玉宣］

勞玉宣：學者，精音韻學。

636.［茅北叟、茅北老、北老、北叟］

茅北叟：南京人，吉城學友，學者，昆曲家。

637.［劉遜甫、遜甫、劉恂父］

劉慎詒：安徽貴池人，字遜甫、恂父，詩人。著有《龍慧堂詩》等。

638.［太倉繆衡甫］

繆衡甫：太倉人。

光緒三十三年四月起：

639.［王雷夏］

王雷夏：學者。

640.［袁采亭］

袁采亭：李伯瑜同學。

光緒三十三年五月起：

641.［祝君春華］

祝春華：鎮江人。

642.［何君潤生］

何潤生：鎮江人。

643.［陳君善之］

陳善之：鎮江人。

644.［姜君少卿］

姜少卿：鎮江人。

645.［香帥、南皮、張南皮］

張之洞（1837—1909）：河北南皮人，字孝達，號香濤。清末湖廣總督，時拜協揆（協辦大學士）。

光緒三十三年六月起：

646.［況君夔笙］

況周頤（1859—1926）：湖南寶慶人，字夔笙，學者，金石家，詞人。光緒五年舉人，後以知府分發浙江，清末兩江總督端方的幕客，復執教于武進「龍城書院」和「南京師範學堂」。著有《蕙風詞話》等。

647.［蔣寶樹］

蔣寶樹：東臺人，醫生。

光緒三十三年七月起：

648.［溥宗伯］

溥宗伯：不詳。

649.［錢君復初、錢復翁、復翁、錢復初］

錢復初：上海松江人，學者。時館南京石棣陳家，光緒三十四年去安慶，後與張錫恭同在京師編禮書。

650.［李君渭川、李君］

李渭川：安徽合肥人，學者。

光緒三十三年八月起：

651.［汪生馥庭、汪馥庭、馥庭］

汪馥庭（1894—?）：東臺人，吉城學生，學者。

652.［德厚］

德厚：時東臺「古觀音寺」僧人。

光緒三十三年九月起：

653.［王衡甫］

王衡甫：南京人，醫生。

654.［勞季言］

勞格：浙江杭州塘棲人，別名谷林、勞柯，字季言，學者，校書暨藏書家。

光緒三十三年十月起：

655.［施君少文、施紹兄］

施少文（紹文）：時在南京「裕寧郵局」。

656.［趙君辛舉］

趙辛舉：學者。

657.［宜甫］

宜甫：學者。

光緒三十三年十一月起：

658.［藥房、窳叟］

李藥房：揚州人，號窳叟，吉城學友，學者。

659.［章毓筠］

章毓筠：時南京「上江公學堂」乙班學生。

660.［劉健公］

劉健公：學者。

661.［呂慶銓］

呂慶銓（1892—？）：北京通州人，時南京「上江公學堂」乙班學生。

662.［劉朝綱］

劉朝綱（1890—？）：安徽巢縣人，時南京「上江公學堂」乙班學生。

663.［章恒輝］

章恒輝（1891—？）：安徽績溪人，時南京「上江公學堂」乙班學生。

光緒三十三年十二月起：

664.［姚靜叁、姚君］

姚靜叁： 東臺人。

665.［楊鍾璟］

楊鍾璟： 時南京「上江公學堂」丁班優秀學生。

666.［金振球、金生］

金振球： 時南京「上江公學堂」丁班優秀學生。

667.［健父、健公、健甫］

李國松（1876—1950）： 安徽合肥人，字健甫（健父），號木公，李鴻章弟李鶴章之孫、李經羲長子，吉城學友，學者，收藏家。光緒二十三年舉人，三十三年襄辦安徽省學務，清末「合肥商會」會長，時為安徽「廬州府中學堂」監督。著有《集虛草堂叢書》等。

光緒三十四年正月起：

668.［筱叁］

筱叁： 鎮江人。

669.［朱君叔獻］

朱叔獻： 鎮江人，學者。

670.［宗君俯亭］

宗俯亭：鎮江人，學者。

671.［陳君香巖、香巖］

陳香巖：安徽蕪湖人，學者。

光緒三十四年二月起：

672.［斐君］

李國筠（1878—1929）：安徽合肥人，字斐君，李經羲次子、李國松之弟。光緒二十八年舉人，時安徽「廬州府中學堂」監督，民國後任「廬州商會總理、安徽財政司長、廣東巡按使、大總統府秘書、臨時執政府參政」等。

673.［李君誠庵、誠庵、李君］

李緒昌（1874—？）：安徽合肥人，字誠庵，吉城學友，學者。時安徽「廬州府中學堂」經學、國文科教習，民國初改任「安徽省立二中」校長。

674.［程君復初、復初、復公、程君］

程銘善（1879—？）：安徽合肥人，字復初，吉城學友，學者。時安徽「廬州府中學堂」經學、國文科教習。

675.［丁君燮陽、燮陽、燮君、燮公］

丁林森（1882—？）：安徽合肥人，字燮明（燮陽），吉城學友，學者。時安徽「廬州府中學堂」經學、國文科教習。

676.［劉君訪渠、訪渠］

劉澤源：安徽合肥人，字訪渠，吉城學友，學者，書法家。

677.［吳潤生、吳潤森］

吳潤生（潤森）：時安徽「廬州府中學堂」丙左班優秀學生。

678.［劉石宜、劉石翁、石宜、石宦、石公、石簃、石宦親家］

劉啟琳（1862—1937）：安徽合肥人，字石宜（石簃、石宦），吉城學友，學者，詩人，書法家。後與吉城結為兒女親家，成為吉榮泰的岳父。著有《沈君家傳》等。

679.［馬通伯、馬君通伯、通白先生、馬通老、通叟、通白］

馬其昶（1855—1930）：安徽桐城人，字通伯，吉城學友，學者，桐城派末期代表人物。光緒舉人，授學部主事，清末「京師大學堂」教習，民國後任清史館總纂，民國八年曾署名營救被捕的陳獨秀。著有《抱潤軒文集》等。

680.［鮑必明、鮑生、鮑生必明］

鮑必明：字東啟，時安徽「廬州府中學堂」丙左班學生。

681.［瑀璐、瑀卿、禹卿、史君、瑀公、史瑀翁、史瑀公、瑀君、桐城史君、史瑀卿］

史簡南（1880—？）：安徽桐城人，字瑀璐（瑀卿），吉城學友，學者。時安徽「廬州府中學堂」教習。

682.［李鳴鐸、李生椒甫、李生鳴鐸、李生］

李鳴鐸：安徽合肥人，字椒甫，時安徽「廬州府中學堂」乙班優秀學生。

683.［李永慶、李生永慶］

李永慶（1892—？）：安徽合肥人，字叔雲，時安徽「廬州府中學堂」甲班優秀學生，精算術。

684.［張壽仁、張生壽仁］

張壽仁（1891—？）：安徽合肥人，字子靜，時安徽「廬州府中學堂」丙左班優秀學生。

685.［李經魁、李生經魁］

李經魁（1890—？）：安徽合肥人，字景奎，時安徽「廬州府中學堂」甲班優秀學生。

686.［魯邦瞻、魯生、魯生望巖］

魯邦瞻（1893—？）：安徽巢縣人，字望巖，時安徽「廬州府中學堂」甲班優秀學生。

687.［潘耀榮、潘生、潘生耀榮、潘生伯華］

潘耀榮（1892—？）：安徽廬江三河人，字伯華，時安徽「廬州府中學堂」乙班優秀學生。

光緒三十四年三月起：

688.［桀公、杞老、桀襄、桀老］

蔡楚材（1862—？）：安徽合肥人，字桀襄（杞襄），時安徽「廬州府中學堂」教習。

689.［沈君］

沈君：時安徽省視學。

光緒三十四年四月起：

690.［周先巨、周生］

周先巨（1891—？）：安徽合肥人，字冠南，時安徽「廬州府中學堂」丙右班優秀學生，通曉《論語》。

691.［馮延景、馮生］

馮延景（1889—？）：安徽合肥人，字星伯，時安徽「廬州府中學堂」乙班優秀學生。

692.［程式玉、程生、程生式玉、程生琢君］

程式玉（1893—？）：安徽合肥人，字琢君，時安徽「廬州府中學堂」乙班優秀學生。

693.［金炎猷、金生］

金炎猷（1889—？）：安徽合肥人，字允明，時安徽「廬州府中學堂」甲班優秀學生。

694.［劉君子樾］

劉子樾：安徽合肥人，李鳴鐸的老師，學者。

695.［余國楨、余生國楨］

余國楨（1892—？）：安徽合肥人，字為之，時安徽「廬州府中學堂」甲班優秀學生。

光緒三十四年五月起：

696.［蔡生、蔡繼榕、蔡生繼榕］

蔡繼榕（1893—？）：安徽合肥人，字蔭橋，時安徽「廬州府中學堂」丙右班優秀學生。

697.［龔生、龔成業］

龔成業（1892—？）：安徽合肥人，字伯勳，時安徽「廬州府中學堂」丙班優秀學生。

698.［萬生、萬慶鏞、慶鏞］

萬慶鏞（1895—？）：安徽合肥人，字黻笙，時安徽「廬州府中學堂」優秀學生。

699.［立亭、笠亭、盛君笠亭］

盛於斯（1872—？）：安徽舒城人，字笠亭（立亭），吉城學友，學者。時安徽「廬州府中學堂」教習。

700.［劉兆璸］

劉兆璸（1895—？）：安徽合肥人，字毅甫，時安徽「廬州府中學堂」丙右班優秀學生。

701.［郭人和］

郭人和（1896—？）：安徽合肥人，字子惠，時安徽「廬州府中學堂」丙右班優秀學生。

702.［虞保初］

虞保初（1890—？）：安徽合肥人，字夢麒，時安徽「廬州府中學堂」乙班學生。

703.［江慎勳］

江慎勳：江思源之孫，時清廷加恩錄用知府。

704.［江勤培］

江勤培：江思源曾孫，時清廷加恩錄用員外。

705.［李慶普］

李慶普：李續賓之孫，時清廷加恩錄用道員。

706.［李正繩］

李正繩：李續賓曾孫，時清廷加恩錄用主事。

707.［羅長耿］

羅長耿：羅澤南之孫，時清廷加恩錄用知府。

708.［羅廷祚］

羅廷祚：羅澤南曾孫，時清廷加恩錄用主事。

709.［張玉琴、張生玉琴］

張玉琴（1891—？）：安徽合肥人，字子輿，時安徽「廬州府中學堂」乙班優秀學生。

710.［黄坤、黄生坤］

黄坤（1888—？）：安徽合肥人，字築唐，時安徽「廬州府中學堂」甲班優秀學生。

711.［程元度］

程元度（1891—？）：安徽合肥人，字裴青，時安徽「廬州府中學堂」丙左班優秀學生。

712.［劉爾昭、劉生爾昭］

劉爾昭（1892—？）：安徽合肥人，字作明，劉畂琳之子，時安徽「廬州府中學堂」丙左班優秀學生。

713.［劉兆璆、兆璆］

劉兆璆（1892—？）：安徽合肥人，字訥庵，時安徽「廬州府中學堂」丙右班優秀學生。

714.［李逢春］

李逢春（1894—？）：安徽合肥人，字振彬，時安徽「廬州府中學堂」丙右班優秀學生。

光緒三十四年六月起：

715.［鮑彥敬］

鮑彥敬：東臺人，鮑聲甫之孫，工書好學。

716.［楊石卿］

楊石卿（述卿）：東臺人，吉城學友，學者。

光緒三十四年七月起：

717.［鹺尹方君］

方君：學者，時官鹺尹。

718.［鮑籽原］

鮑耔原：東臺人，鮑聲甫之子，吉城學友，學者。

719.［桂東垣］

桂東垣：吉城在南京時的學友，學者。

720.［姚慎老、慎翁、慎思、姚慎翁、慎公、慎老］

姚慎思：安徽桐城人，吉城學友，學者。民國後任「蕪湖二女校」學監。著有《問松書屋詩集》等。

光緒三十四年八月起：

721.［譚錦章］

譚錦章（1894—？）：安徽合肥人，字絅卿，時安徽「廬州府中學堂」學生。

722.［蔡生希堯］

蔡希堯（1889—？）：安徽合肥人，字炳炎，時安徽「廬州府中學堂」學生。

723.［張生道宏］

張道宏（1895—？）：安徽合肥人，字毅甫，時安徽「廬州府中學堂」學生。

724.［宋生］

宋鑄嶷（1892—？）：安徽合肥人，字鑄庭，時安徽「廬州府中學堂」乙班優秀學生。

725.［李君靄卿］

李靄卿：安徽人，學者，時館蕪湖。

726.［衛君海帆］

衛海帆：安徽人，學者。

727.［張君琴襄］

張敬文：安徽合肥人，字琴襄，吉城學友，學者，書法家。

728.［朱宗佘］

朱宗佘（1891—？）：安徽合肥人，字新吾，時安徽「廬州府中學堂」乙班寫字優秀學生。

729.［謝家禧、謝生］

謝家禧（1892—？）：安徽合肥人，字鴻生，謝敏泉之子，時安徽「廬州府中學堂」乙班寫字優秀學生。

光緒三十四年九月起：

730.［姚君叔節］

姚叔節：安徽合肥人，吉城學友，學者，古文學家。時擬聘陳祺壽執教「安徽省立師範」，民國八年曾與馬其昶一起署名營救被捕的陳獨秀。

731.［張振聲］

張振聲（1889—？）：安徽合肥人，字樹侯，時安徽「廬州府中學堂」乙班優秀學生。

光緒三十四年十月起：

732.［蔡有純］

蔡有純(1889—?):安徽合肥人,字和甫,時安徽「廬州府中學堂」甲班優秀學生。

733.[沈秉鈞]

沈秉鈞(1889—?):安徽合肥人,字仲文,時安徽「廬州府中學堂」乙班優秀學生。

光緒三十四年十一月起:

734.[劉乃賡、劉生乃賡]

劉乃賡(1890—?):安徽合肥人,字君堯,時安徽「廬州府中學堂」甲班優秀學生,能讀《論語》。

735.[殷壽彭、殷生、殷生壽彭]

殷壽彭(1889—?):安徽合肥人,字籛孫,時安徽「廬州府中學堂」甲班優秀學生。

736.[劉鏞章]

劉鏞章(1891—?):安徽合肥人,字笙譜,時安徽「廬州府中學堂」丙左班優秀學生。

光緒三十四年十二月起:

737.[程魯生]

程魯生:吉城學友,學者,時在蕪湖「安徽公學」。

宣統元年正月起:

738.[鮑季笙]

鮑季笙：學者。

宣統元年二月起：

739.［余君］

余建藩（1882—？）：安徽無為人，字碩平，時安徽「廬州府中學堂」教習。

740.［婁生、婁生道禮］

婁道禮（1893—？）：安徽合肥人，字叔常，時安徽「廬州府中學堂」乙班優秀學生。

741.［范生、范家鑄］

范家鑄（1894—？）：安徽合肥人，字亞陶，時安徽「廬州府中學堂」丁班學生。

742.［譚生聲丙、譚生］

譚聲丙（1895—？）：安徽合肥人，字燮卿，時安徽「廬州府中學堂」優秀學生。

743.［金冶臣］

金冶臣：學者，時安徽合肥「育才學堂」教習。

宣統元年閏二月起：

744.［鄧秋枚、秋枚］

鄧實（1877—1951）：廣東順德人（出生於上海），字秋枚，吉城學友，學者，國學研究家，清末「國粹派」代表人。光緒二十八年在上海創辦《政藝通報》，三十一年發起成立「國學保存會」，刊行《國粹學報》，宣傳排滿革命。著有《國學真論》等。

宣統元年三月起：

745.［李君國英、李君、嘉興李君、李英叔、英叔］

李國英（1887—？）：浙江嘉興人，字英叔，吉城學友，學者，時安徽「廬州府中學堂」教習。

746.［萬錫海、萬生］

萬錫海（1893—？）：安徽合肥人，字軼東，時安徽「廬州府中學堂」丁班優秀學生。

747.［史生斐清］

史文楷（1889—？）：安徽合肥人，字斐清，時安徽「廬州府中學堂」學生。

748.［黄君勳伯］

黄勳伯：吉城學友，學者，時安徽合肥「育才學堂」教習。

宣統元年四月起：

749.［袁生爾琦］

袁爾琦（1894—？）：安徽合肥人，字少珊，時安徽「廬州府中學堂」學生。

750.［鄭生道襄］

鄭道襄（1892—？）：安徽合肥人，字君弼，善畫，時安徽「廬州府中學堂」學生。

751.〔黃生〕

黃生：時安徽「廬州府中學堂」乙班優秀學生。

752.〔田生〕

田清華(1892—?)：安徽合肥人，字震黃，時安徽「廬州府中學堂」甲班優秀學生。

753.〔沙生、沙邦傑、沙生邦傑〕

沙邦傑(1891—?)：安徽舒城人，字漢三，時安徽「廬州府中學堂」丙班優秀學生。

宣統元年五月起：

754.〔張生秉衡〕

張秉衡(1892—?)：安徽廬江人，字執中，時安徽「廬州府中學堂」學生。

755.〔張君鈺堂〕

張鈺堂：安徽蕪湖人。

756.〔歙鮑尚卿〕

鮑尚卿：安徽歙縣人

757.〔鹽城智亭蓀〕

智亭蓀：鹽城人。

宣統元年八月起：

758.［健甫弟國芝］

李國芝（1897—1940）：　安徽合肥人，字瑞九，號滋園，李鴻章弟李鶴章之孫、李經馥之子，吉城學友，學者。清末特用道，民國後在上海開設銀行，創辦民營「李樹德堂電臺」。

宣統元年九月起：

759.［丁國鑒］

丁國鑒（1892—？）：　安徽合肥人，字鏡人，時安徽「廬州府中學堂」丁班優秀學生。

宣統元年十月起：

760.［賀善餘、善餘］

賀善餘：　安徽視學，時來廬州府等四郡視察學堂。

761.［袁爾瓊］

袁爾瓊（1892—？）：　安徽合肥人，字昆生，時安徽「廬州府中學堂」丁班優秀學生，能讀注《孟子》。

宣統元年十一月起：

762.［鏡人］

丁鏡人：　安徽合肥人，丁林森之弟。

763.［張鏡翁］

張鏡翁：　安徽合肥人，古錢收藏者。

宣統元年十二月起：

764.［郡守李君］

李君：時安徽廬州府郡守。

宣統二年三月起：

765.［何允武］

何允武：東臺人，時「東臺縣中學堂」學生。

766.［周鍾沂］

周鍾沂：東臺人，時「東臺縣中學堂」優秀學生。

767.［朱瀛］

朱瀛：東臺人，時「東臺縣中學堂」優秀學生。

768.［袁乙臨］

袁乙臨：東臺人，時「東臺縣中學堂」優秀學生。

769.［馬繼援］

馬繼援：東臺人，時「東臺縣中學堂」優秀學生。

770.［楊蔭庭］

楊蔭庭：東臺人，時「東臺縣中學堂」學生。

771.［陳襄贊］

陳襄贊：東臺人，時「東臺縣中學堂」優秀學生。

772.［沈治邦］

沈治邦：東臺人，時「東臺縣中學堂」優秀學生。

773.［季介臣］

季介臣：東臺人，時「東臺縣中學堂」優秀學生。

774.［宗立權］

宗立權：東臺人，時「東臺縣中學堂」學生。

宣統二年六月起：

775.［陳君瑞生］

陳瑞生：東臺人，吉城學友，學者，後經商。

宣統二年八月起：

776.［邦懷］

陳邦懷（1897—1986）：東臺人（祖籍丹徒），字保之，陳祺壽長子，吉城之子吉榮泰的學生，學者，考古學家，金文耆宿。民國後任張謇秘書多年，民國二十年遷天津任中國銀行文書，1954年受聘為「天津文史研究館」館員、後任副館長，「中國書法家協會天津分會」主席。著有《殷墟書契考釋小箋》、《一得集》等。

777.［邦聘］

陳邦聘：東臺人（祖籍丹徒），陳祺壽次子，吉城之子吉榮泰的學生，學者。

宣統二年九月起：

778.［陸俊生］

陸俊生：東臺人，時「東臺縣中學堂」優秀學生。

宣統二年十月起：

779.［董亦恂］

董亦恂：東臺人，時「東臺縣中學堂」優秀學生。

780.［朱英］

朱英：東臺人，時「東臺縣中學堂」優秀學生。

781.［嚴作新］

嚴作新：東臺人，時「東臺縣中學堂」優秀學生。

782.［魏鴻官］

魏鴻官：東臺人，時「東臺縣中學堂」優秀學生。

宣統二年十一月起：

783.［王君韌階、韌翁］

王韌階：清河人，時奉派來東臺縣各學堂視學。

784.［馬君］

馬君：時「東臺縣中學堂」教員。

785.［吳君］

吳君：時「東臺縣中學堂」教員。

786.［王生登瀛］

王登瀛：東臺人，時吉城的學生。

宣統二年十二月起：

787.［泰州徐天玉］

徐天玉（1841—？）：泰州人，吉城學友，學者，詩人。

788.［周同書］

周同書：東臺人，工書法，時「東臺縣中學堂」優秀學生。

宣統三年二月起：

789.［馬蔭翁、馬蔭庭］

馬蔭庭：鹽城人，馬子安之孫，吉城學友，學者。

宣統三年三月起：

790.［鍾恩錫］

鍾恩錫：東臺人，時「東臺縣中學堂」優秀學生。

791.［張翔鸞］

張翔鸞：東臺人，時「東臺縣師範學堂」優秀學生，民國二年任「東臺私立第六初等小學」校長，後赴上海「時報館」任《時報》主編。

792.［王世英］

王世英：東臺人，時「東臺縣師範學堂」優秀學生。

793.［單德舉］

單德舉：東臺人，時「東臺縣師範學堂」優秀學生。

宣統三年四月起：

794.［全保］

吉傳莘（1911—1997）：東臺人，字伊疇（伊儔），乳名全保，吉城之孫、吉榮泰長子，學者，詩人，書畫家。民國後創辦「東臺精勤學社」。1949 年任「東臺各界人民代表大會」代表，「江南詩社、湖海藝文社」社員，「東臺詩畫社」編委、顧問。

795.［經甫中丞］

朱家寶（1860—1923）：雲南華寧人，字經田（經甫），學者，書法家。光緒十八年進士，授翰林院編修，時任安徽巡撫。辛亥革命後被推為安徽都督，民國五年任直隸省長兼督軍。著有《海藏園序》、《廷尉天下之平論》等。

宣統三年六月起：

796.［楊昜］

楊昜：東臺人，時「東臺縣師範學堂」優秀學生。

797.［徐漢、徐生］

徐漢：東臺人，時「東臺縣師範學堂」優秀學生。

798.［錢元善］

錢元善：東臺人，時「東臺縣師範學堂」優秀學生。

799.［董景曾］

董景曾：東臺人，時「東臺縣師範學堂」優秀學生。

宣統三年七月起：

800.［貴保］

吉傳禮（1911—1990），東臺人，字微白，乳名貴保，吉城堂兄吉堂之孫、吉榮苞長子。民國後供職於陝西咸陽交通銀行，1949 年後調遷四川夾江人民銀行。